My name is

Table of Content

Trace the unicorn's path to the stars

Trace my path

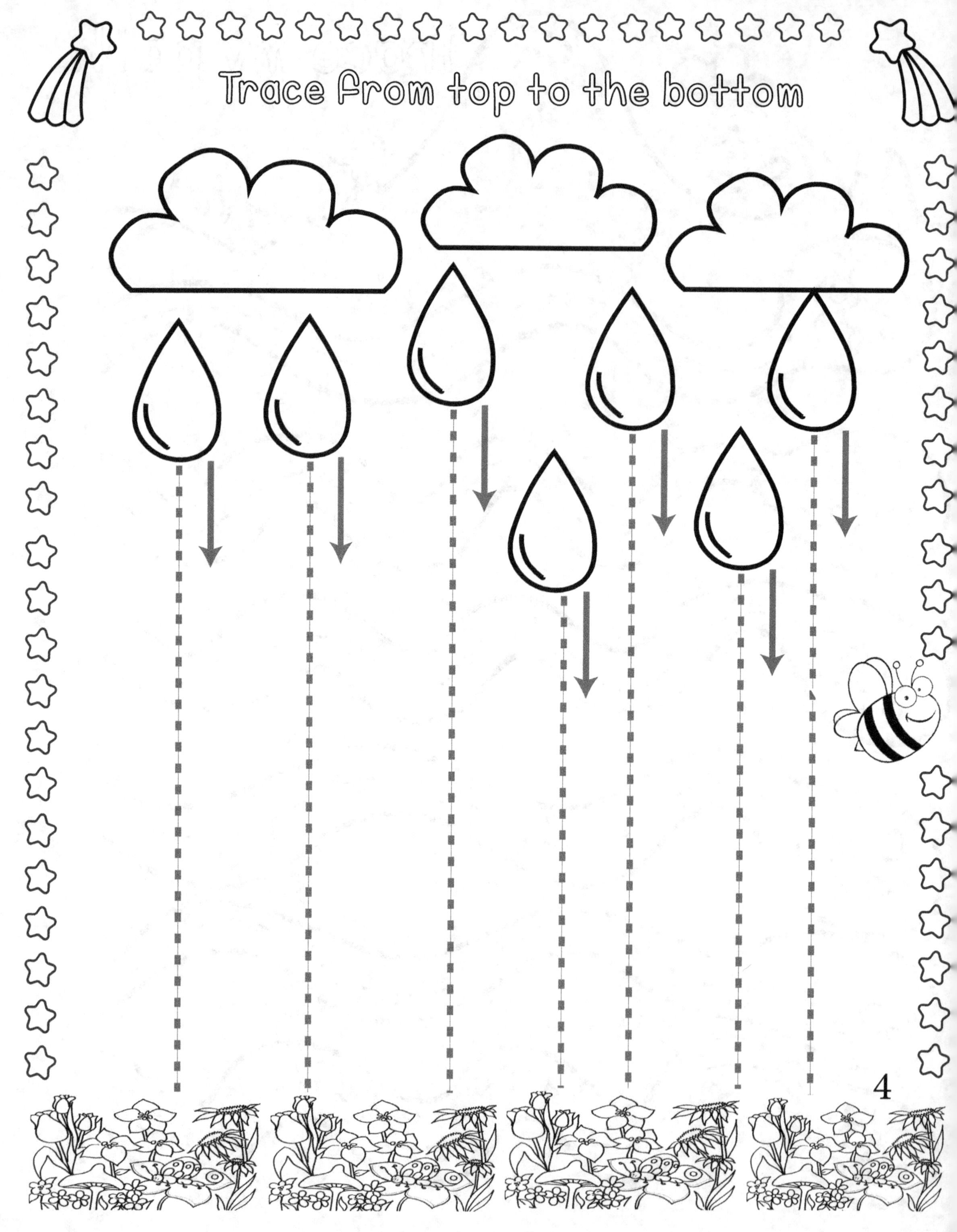
Trace from top to the bottom

Trace from left to right

My Unicorn Balloon

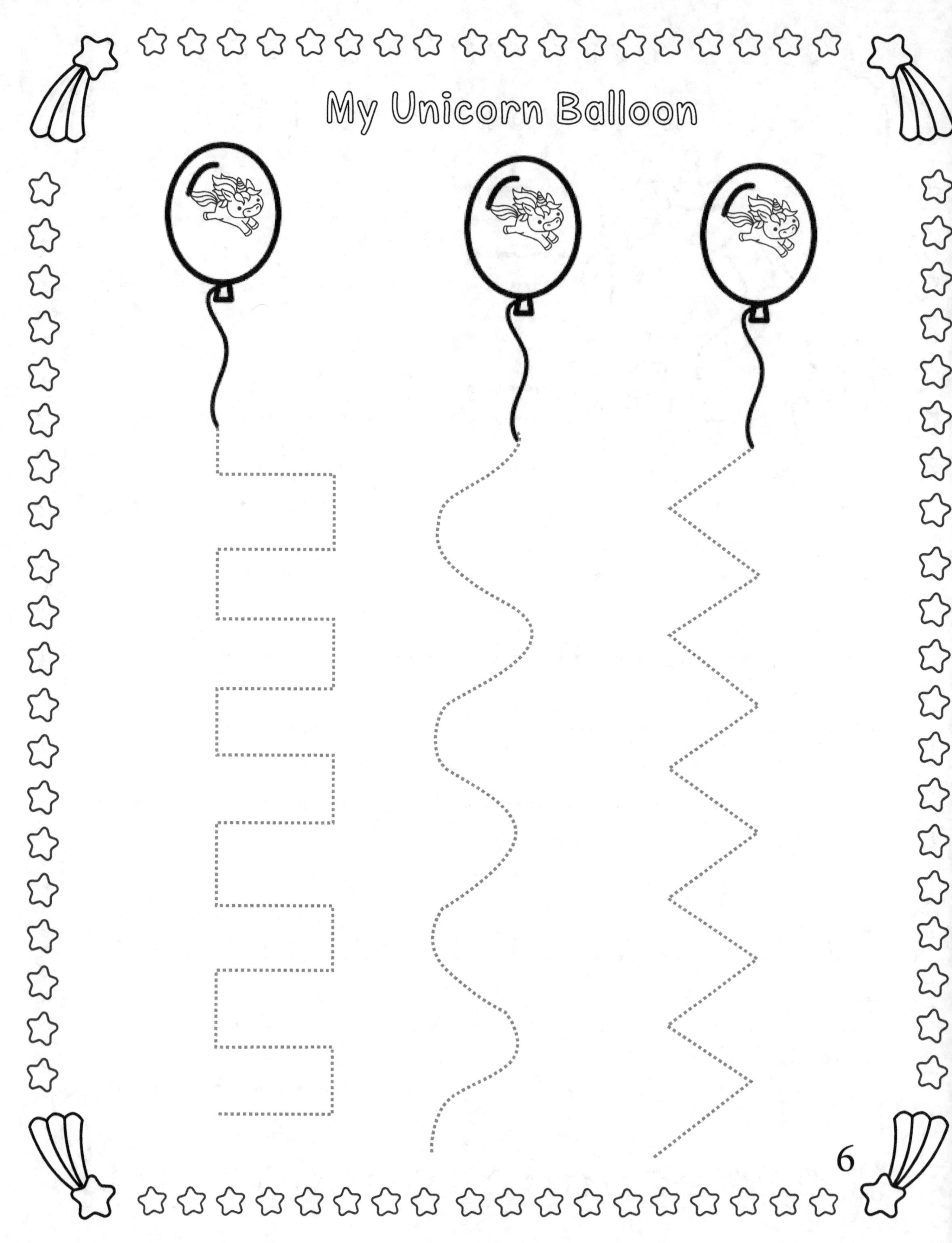

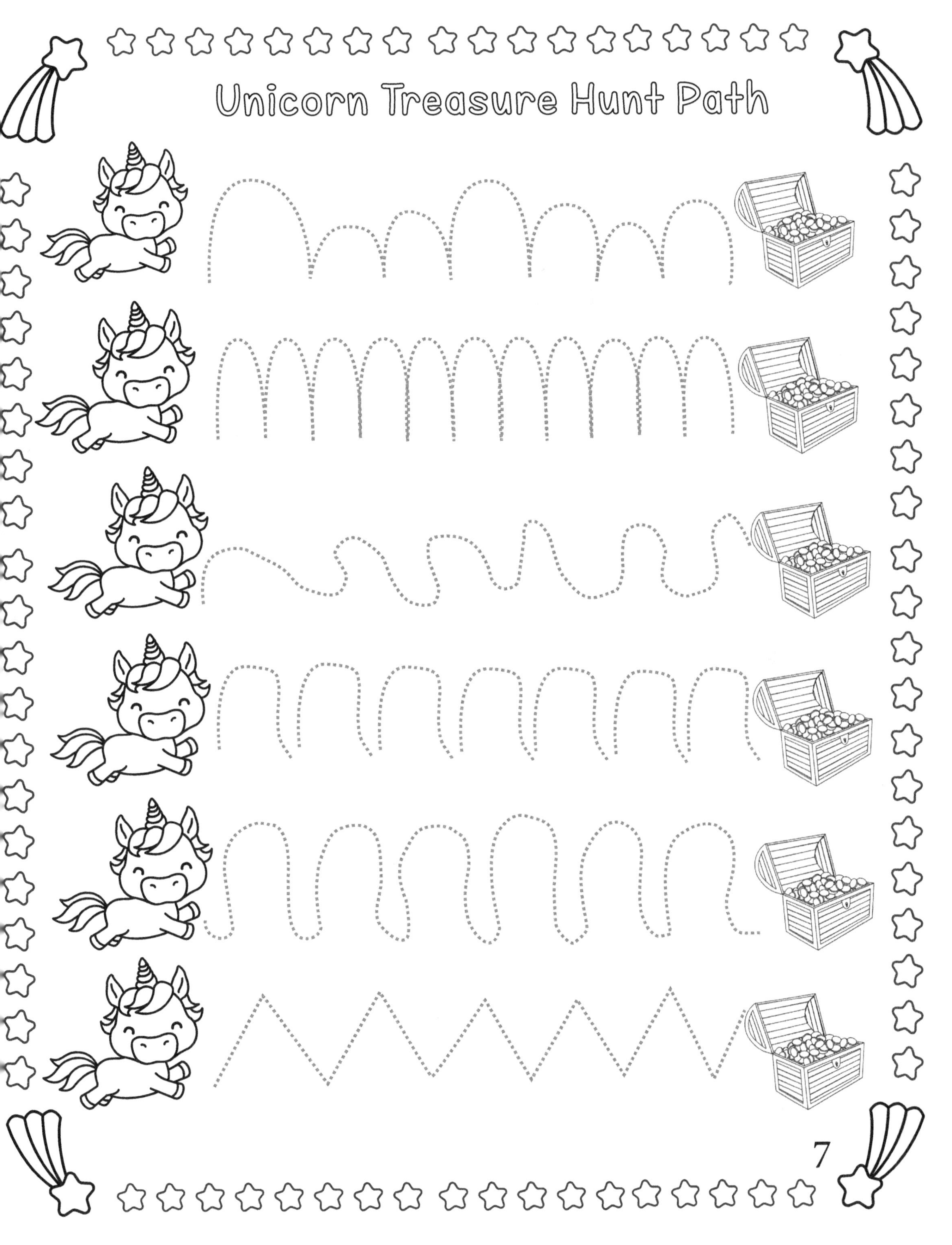
Unicorn Treasure Hunt Path

Trace the bee's path to the flowers

I am
Circle
Trace me

I am
Square
Trace me

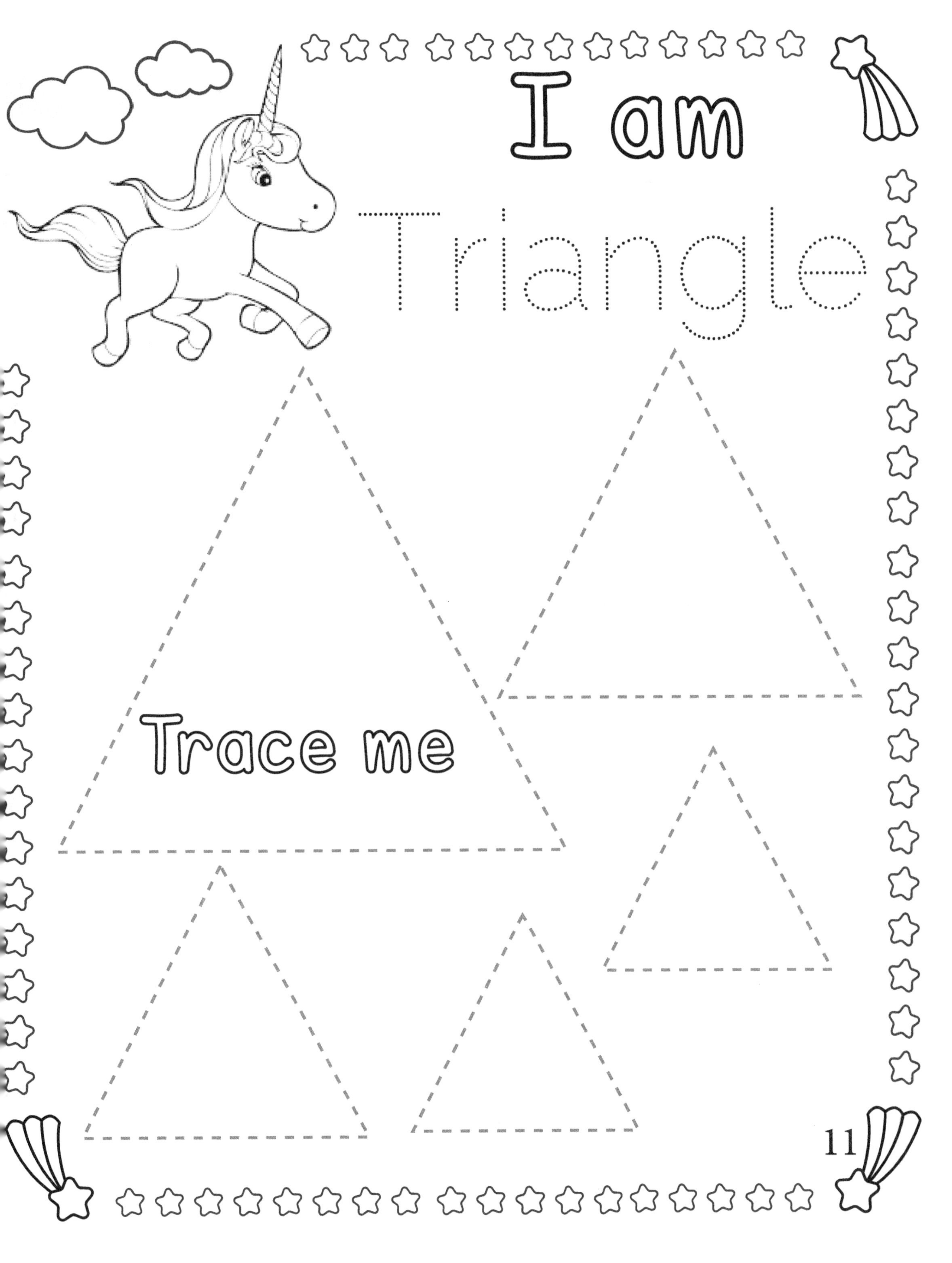
I am
Triangle
Trace me

I am
Rectangle
Trace me

I am
Diamond
Trace me

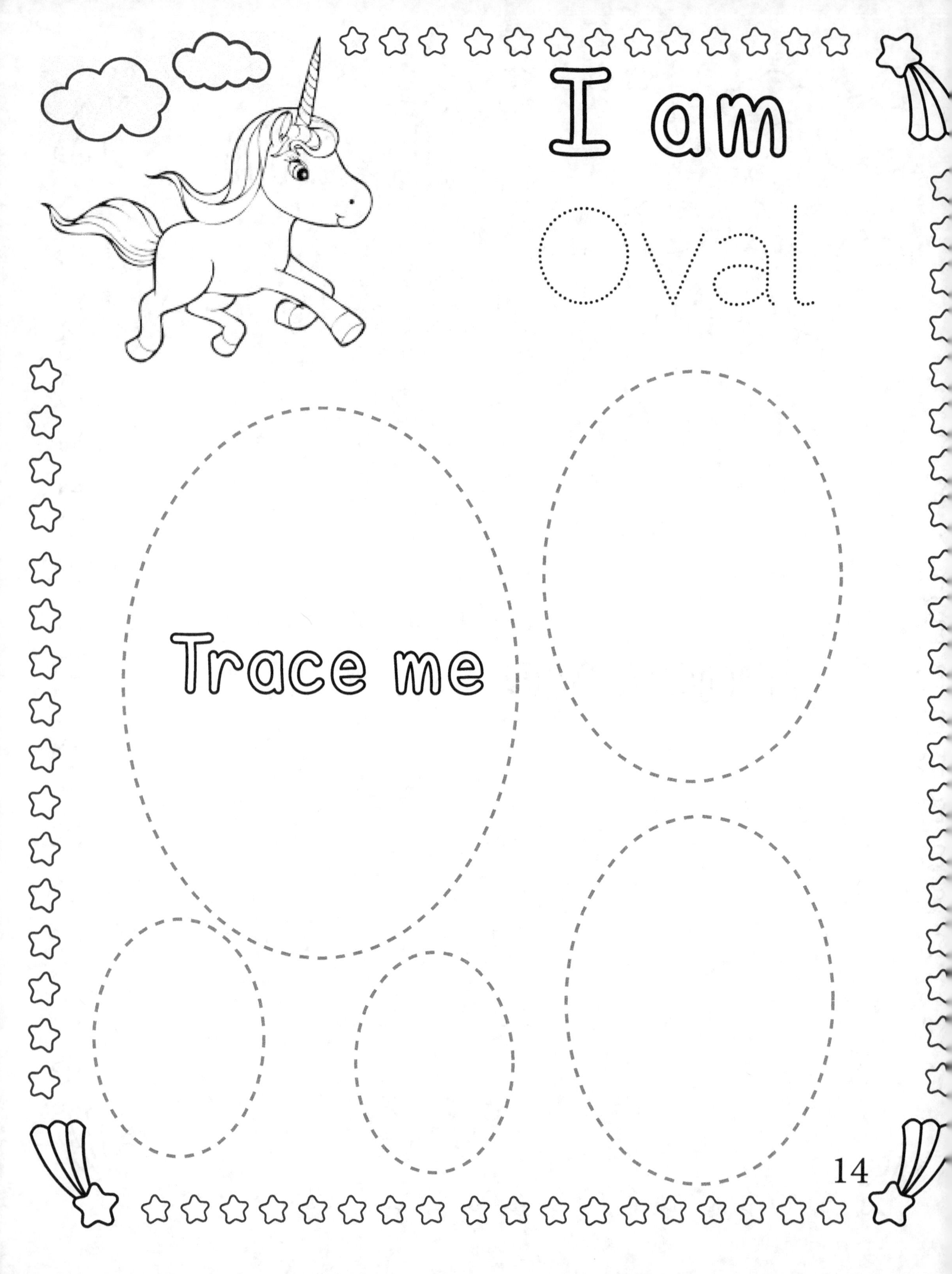
I am
Oval
Trace me

I am
Star
Trace me

I am
Heart
Trace me

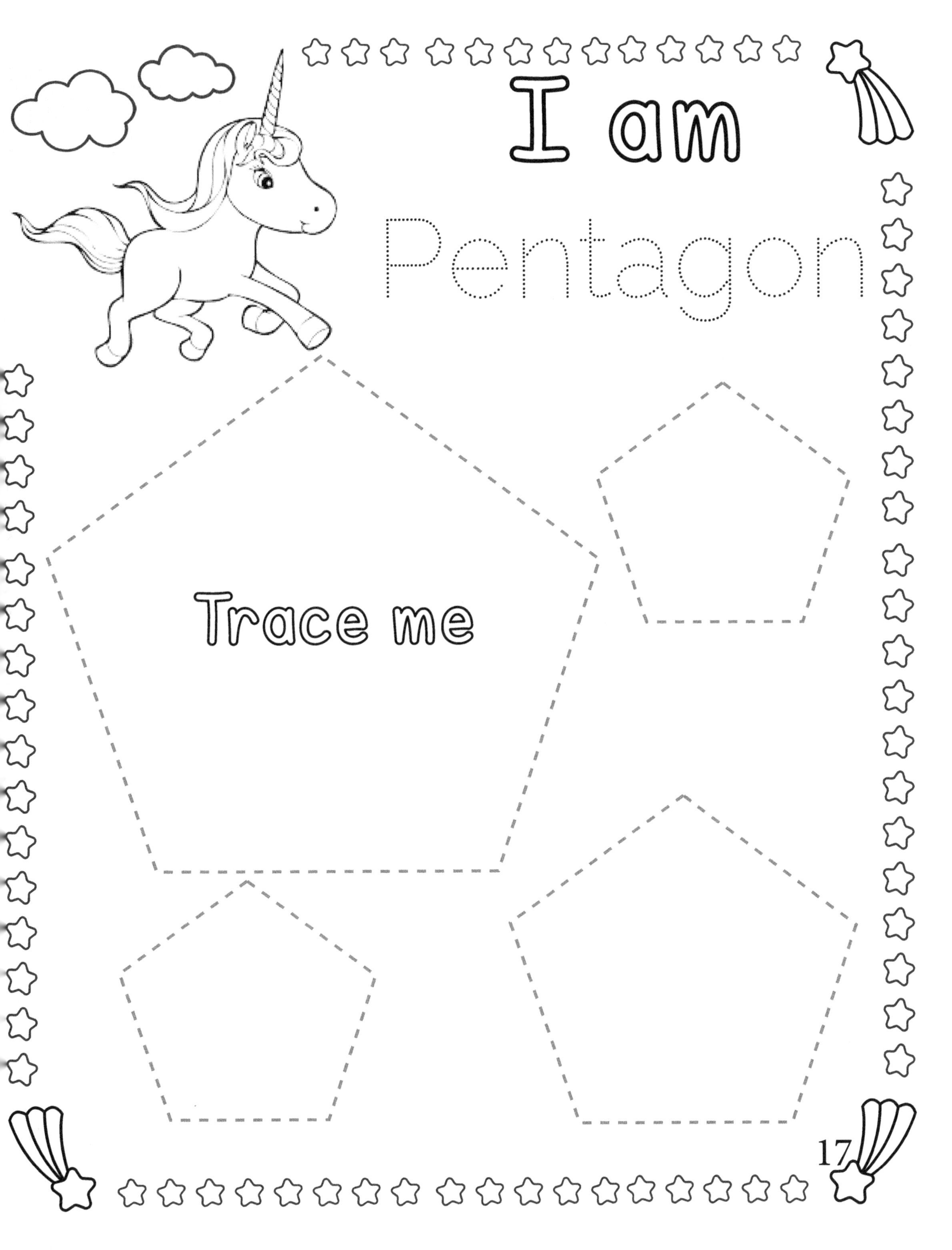
I am
Pentagon
Trace me

I am
Hexagon
Trace me

I am
Octagon
Trace me

I am
Crescent
Trace me

Trace,color and cut

Trace,color and cut

Trace,color and cut

Trace,color and cut

Trace,color and cut

Trace,color and cut

TRACE ALPHABET

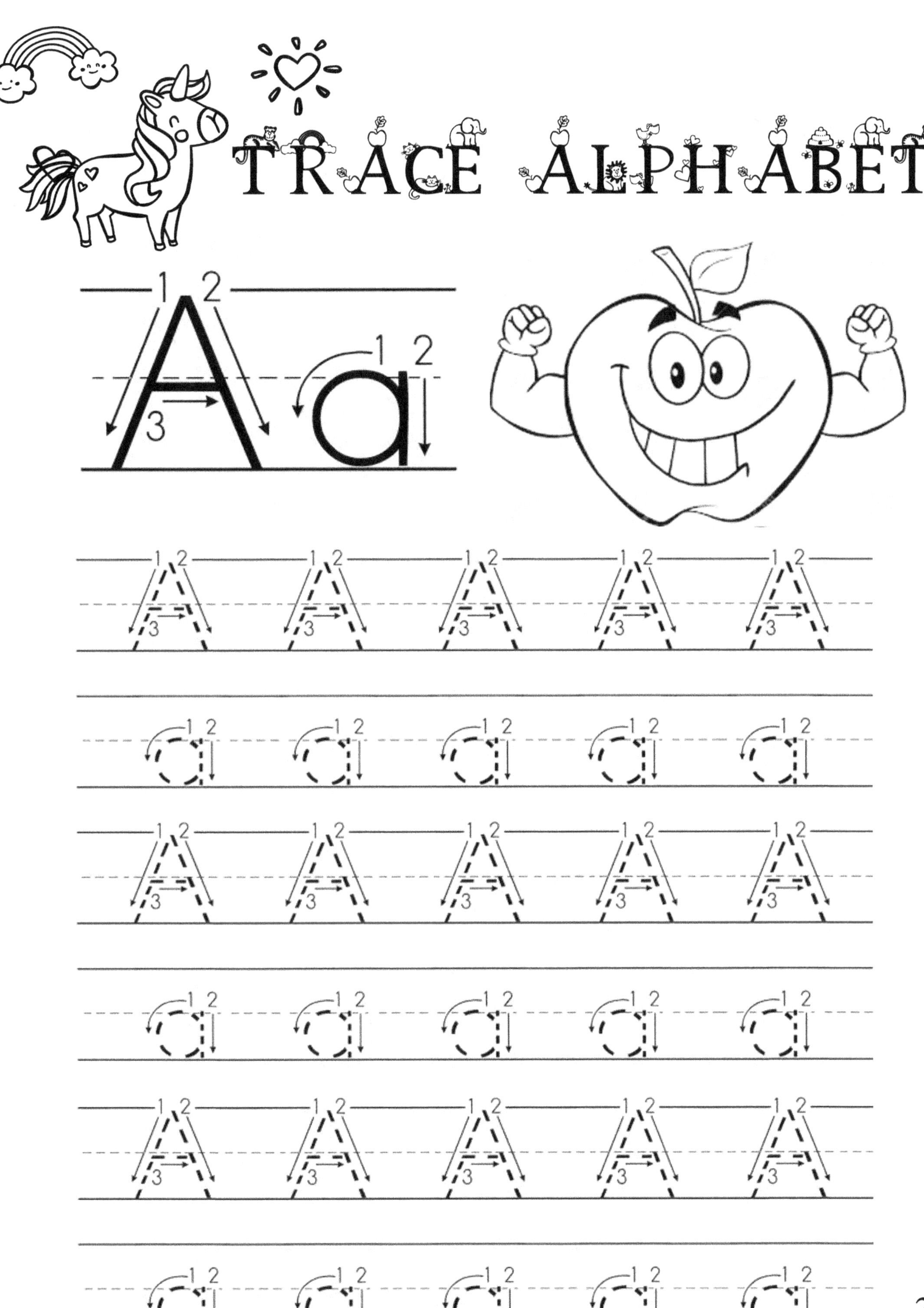

TRACE ALPHABET

TRACE ALPHABET

TRACE ALPHABET

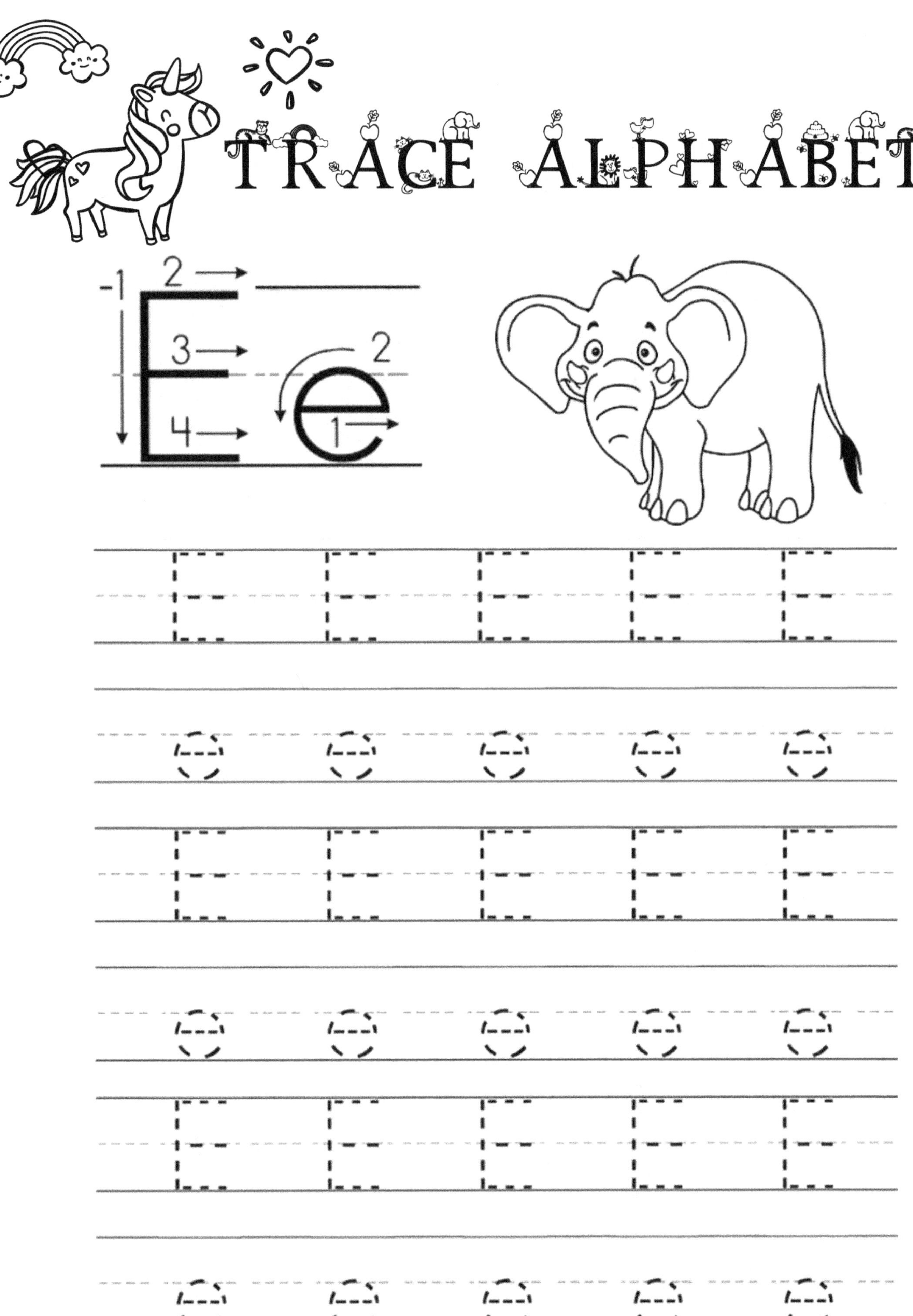
TRACE ALPHABET
Ee

TRACE ALPHABET

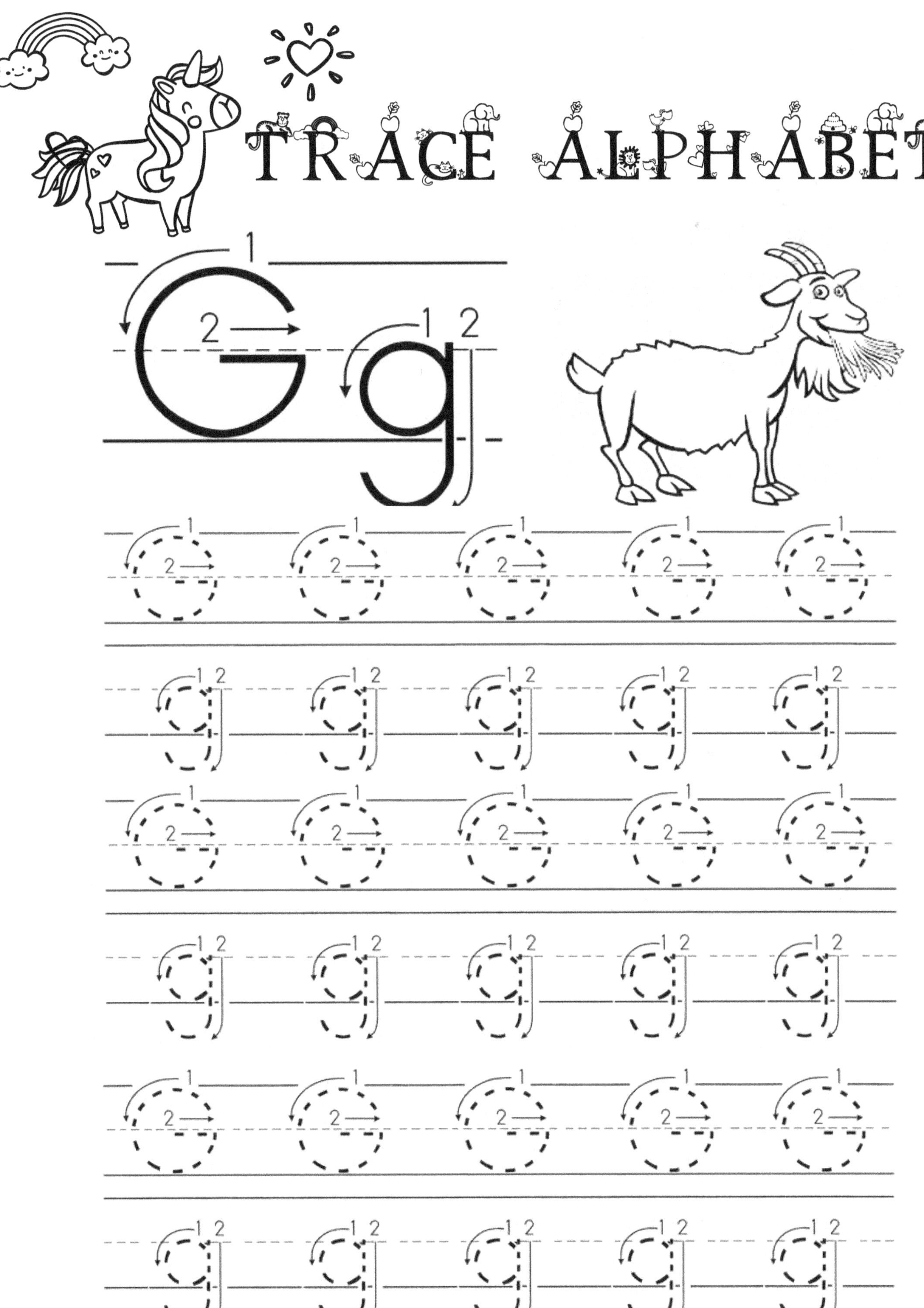
TRACE ALPHABET
Gg

TRACE ALPHABET

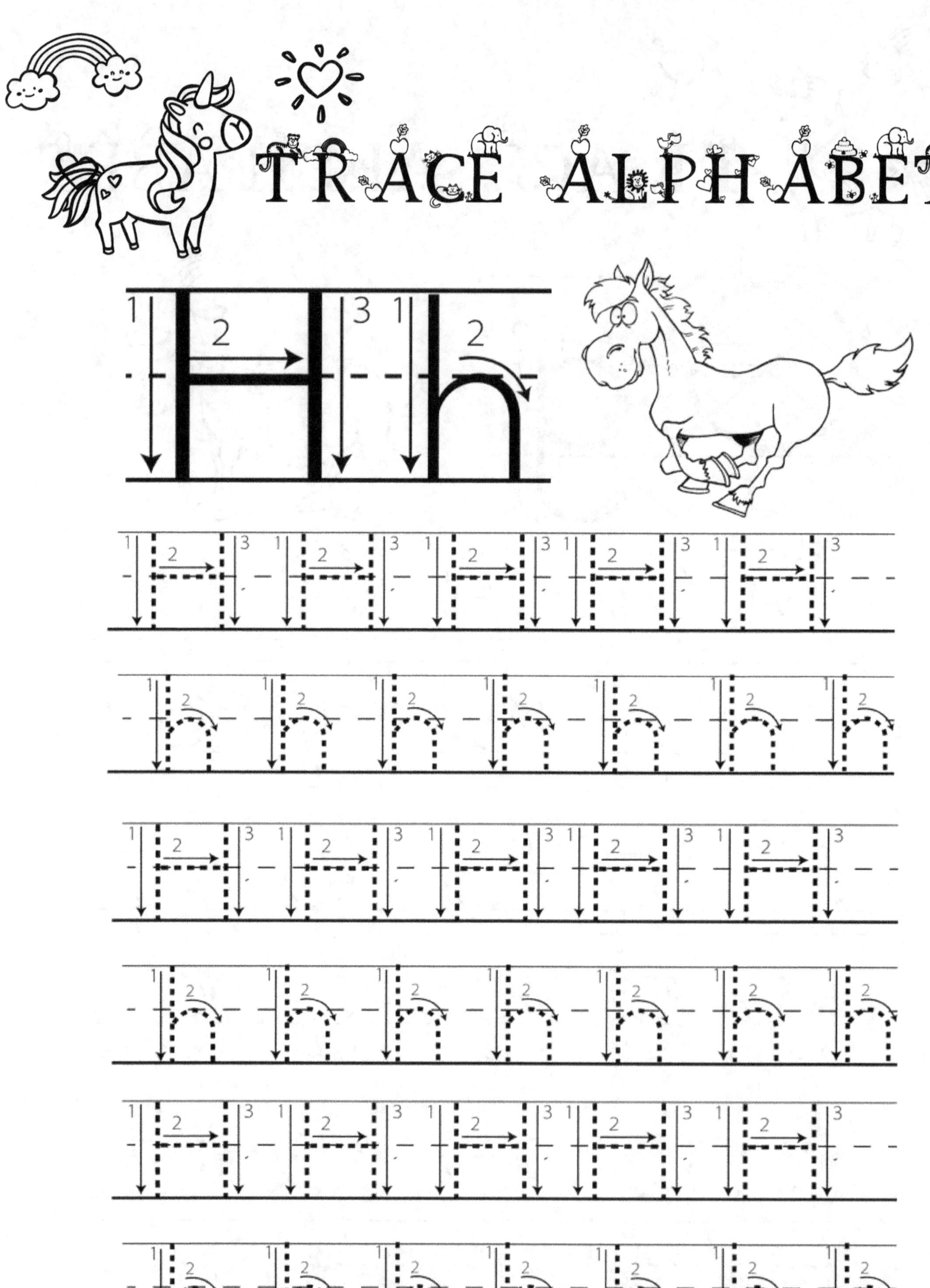

TRACE ALPHABET

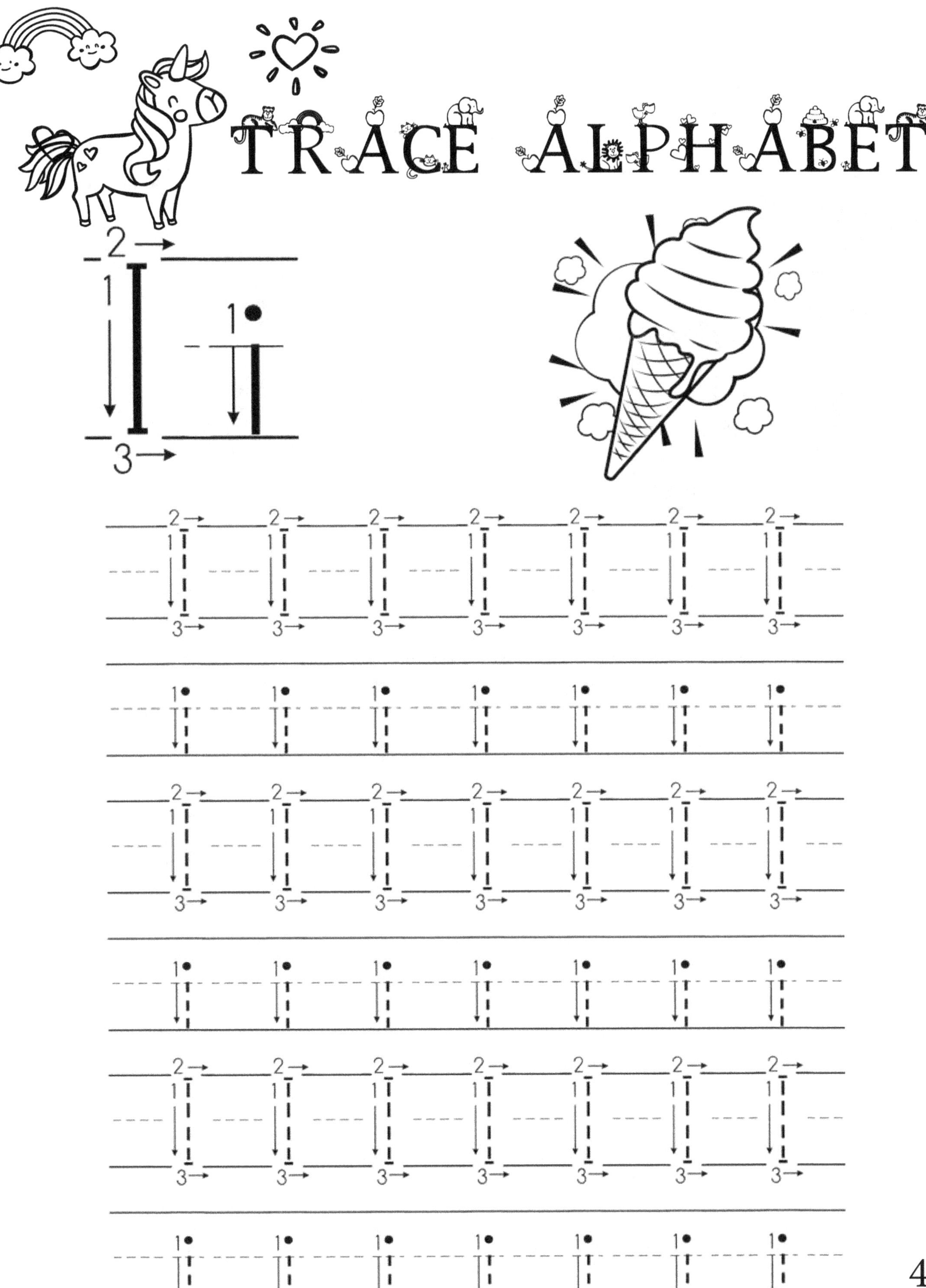

TRACE ALPHABET
J j
food

TRACE ALPHABET

TRACE ALPHABET

TRACE ALPHABET

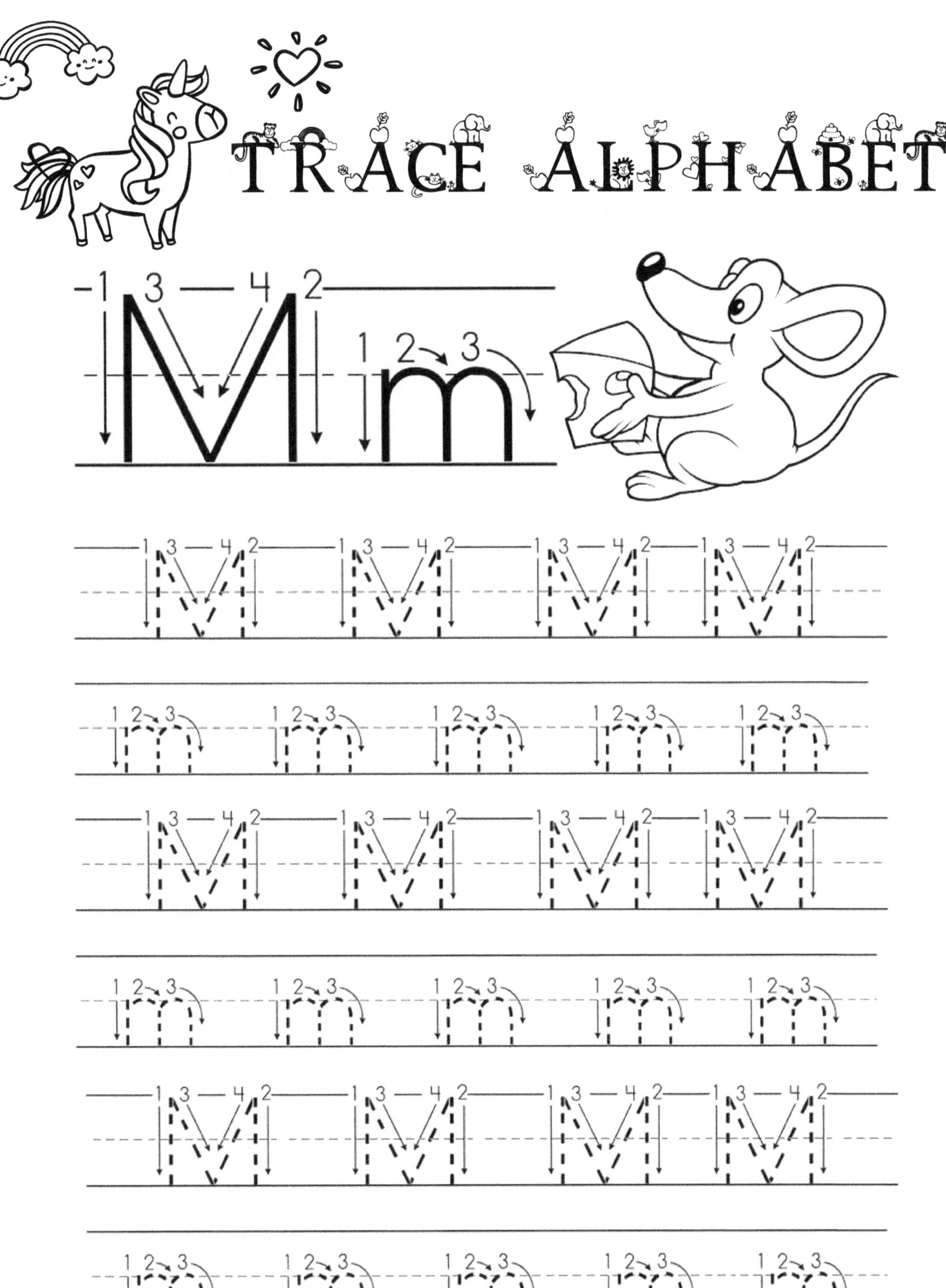

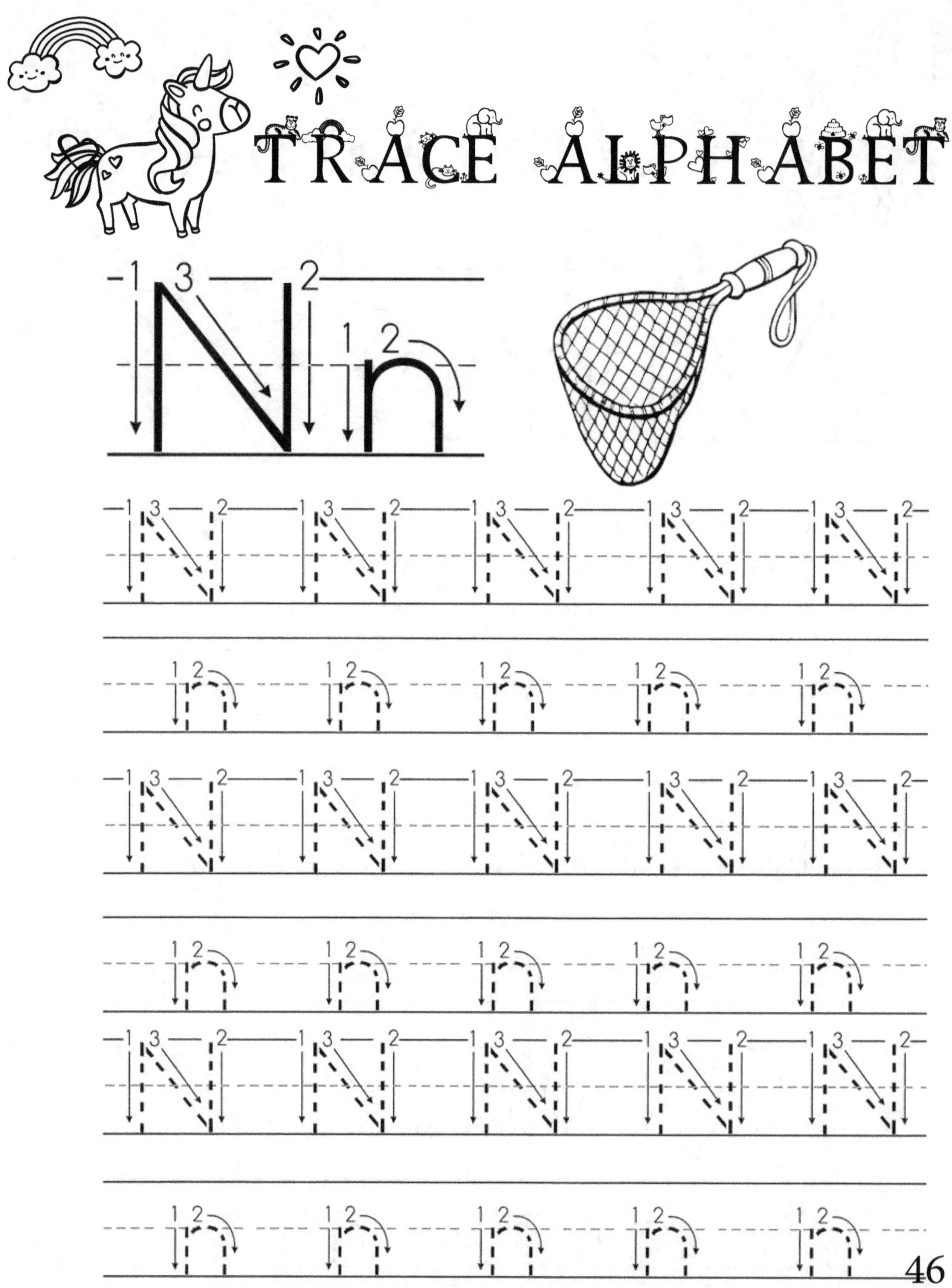
TRACE ALPHABET
Nn

TRACE ALPHABET

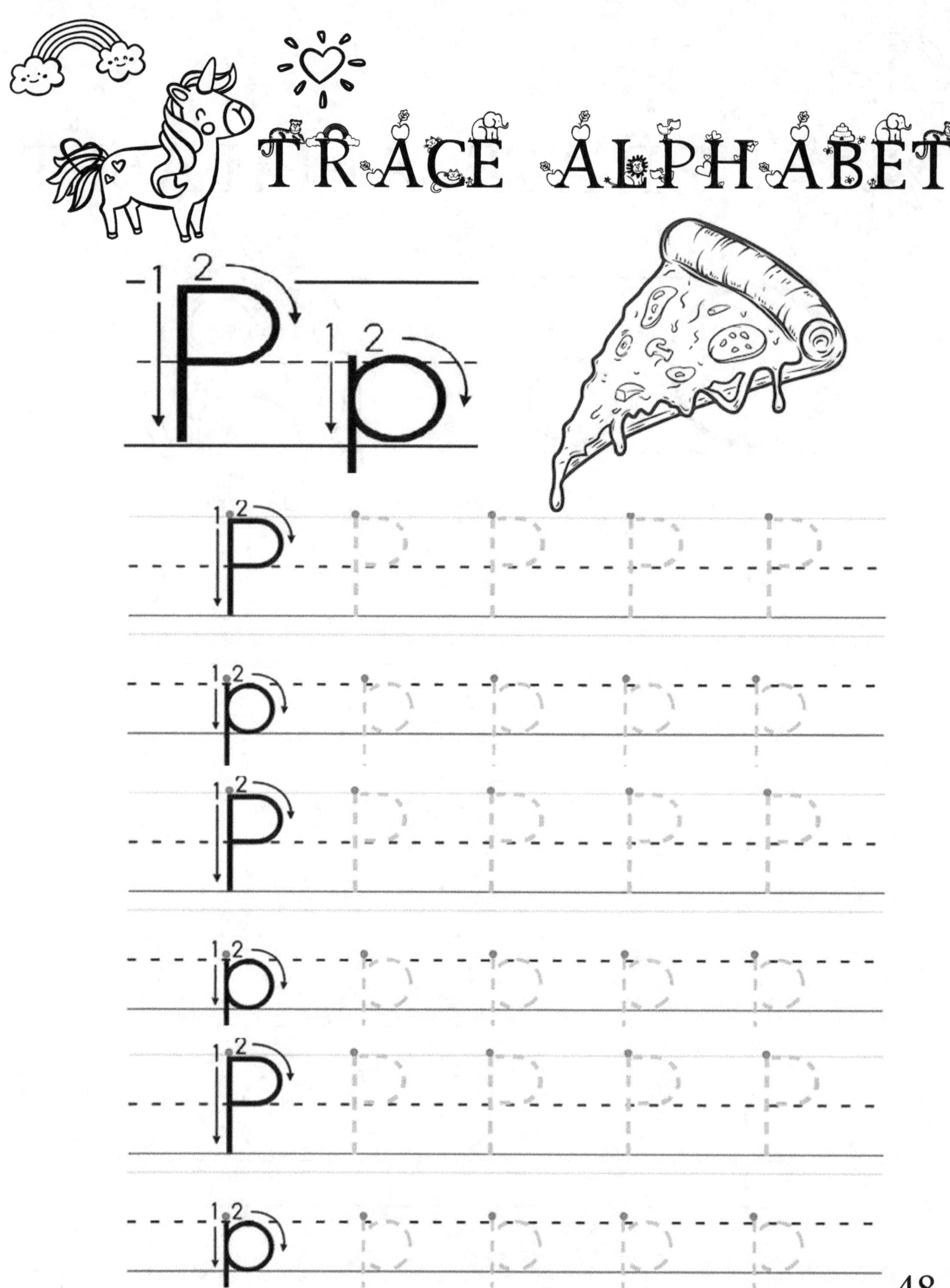
TRACE ALPHABET
1 2
P p

TRACE ALPHABET

TRACE ALPHABET
Rr

TRACE ALPHABET

TRACE ALPHABET

TRACE ALPHABET
Uu

TRACE ALPHABET
V v

TRACE ALPHABET

TRACE ALPHABET

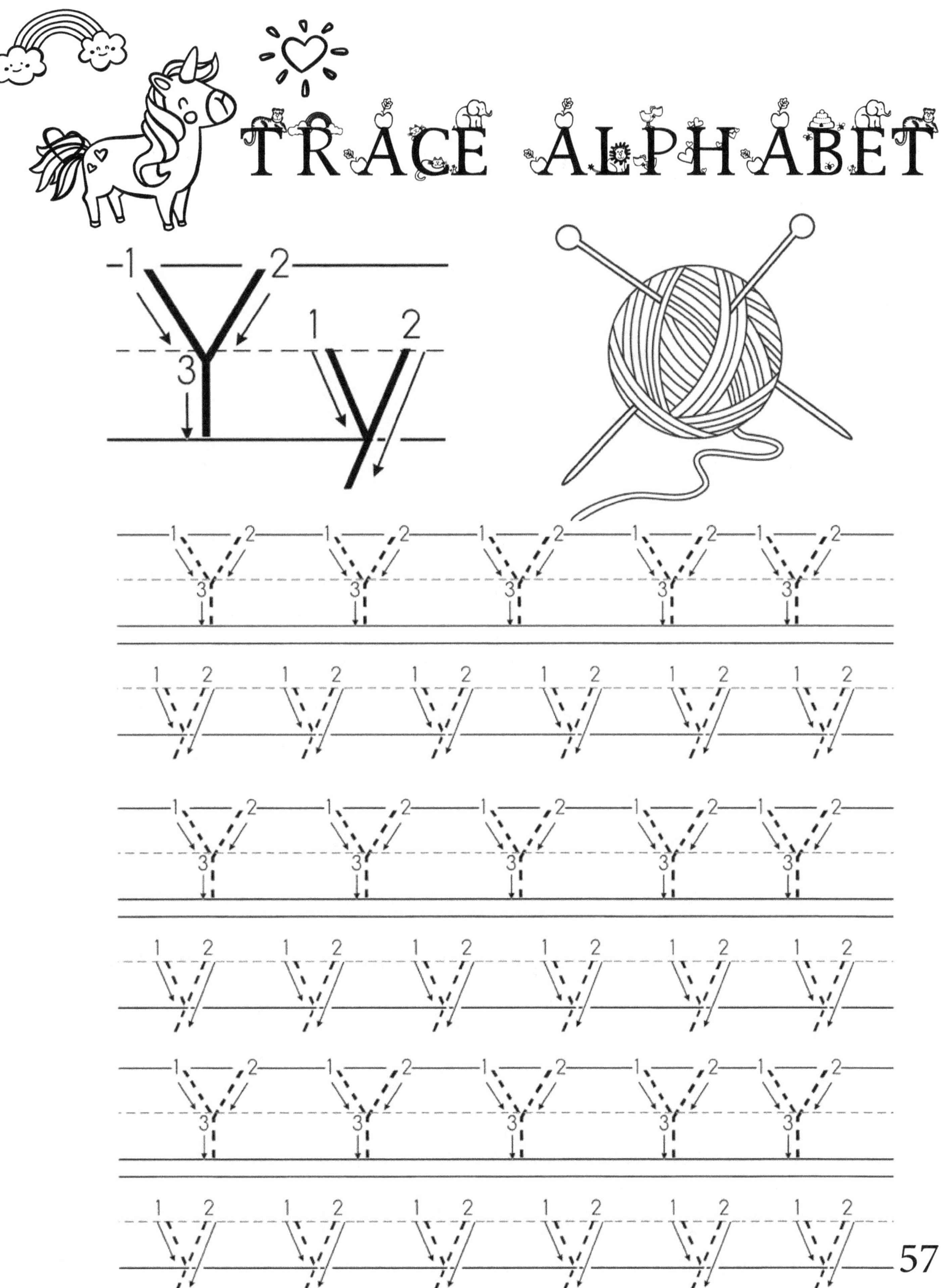
TRACE ALPHABET
Yy

TRACE ALPHABET
Zz

Name ________________________________

Aa Bb Cc Dd

Ee Ff Gg Hh

Ii Jj Kk Ll

Mm Nn Oo Pp

Qq Rr Ss Tt

Uu Vv Ww Xx

Yy Zz

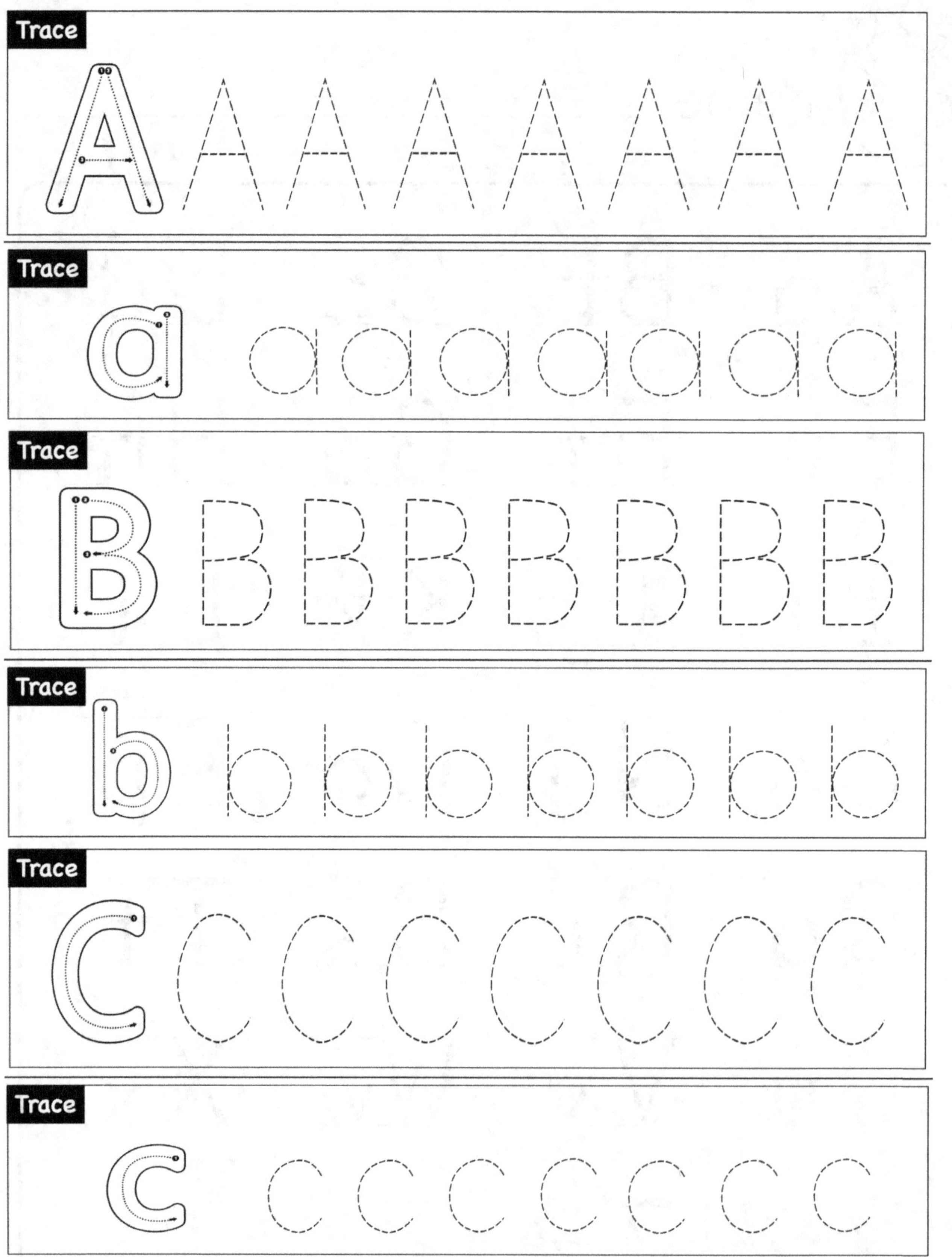

Trace
Trace
Trace
Trace
Trace
Trace

I can write ABC

A A A

a a a

B B B

b b b

C C C

c c c

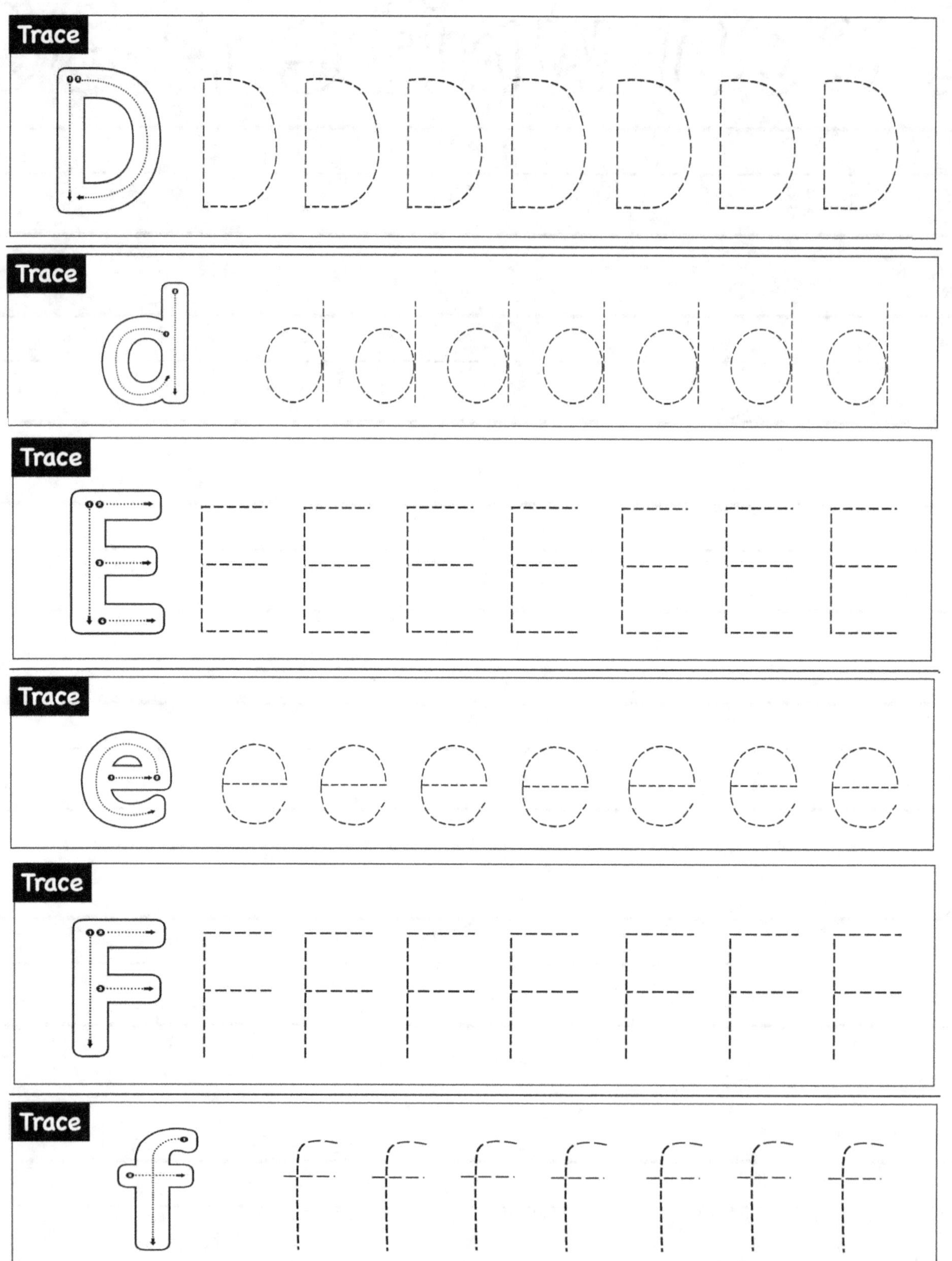
Trace
Trace
Trace
Trace
Trace
Trace

I can write ABC

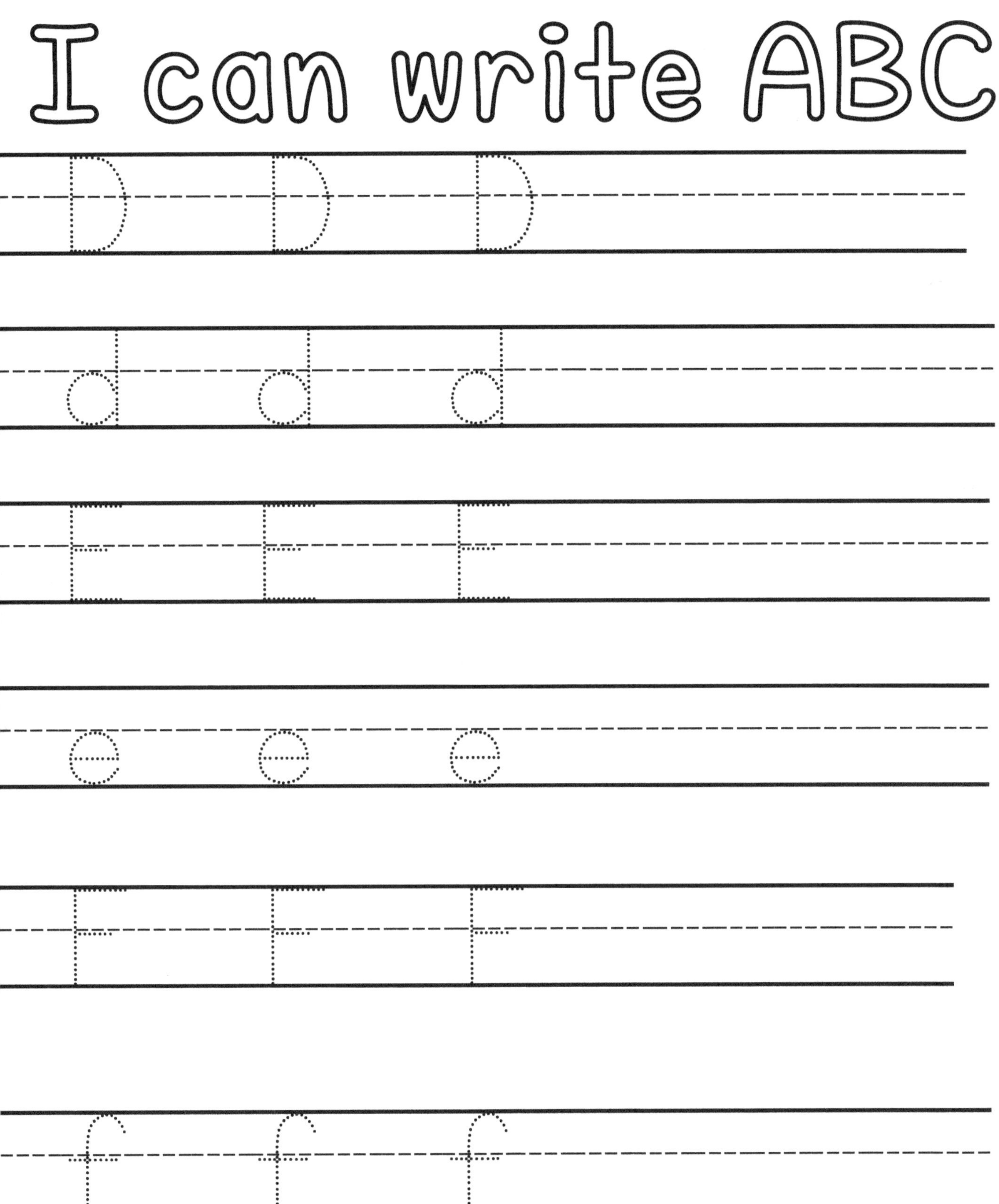

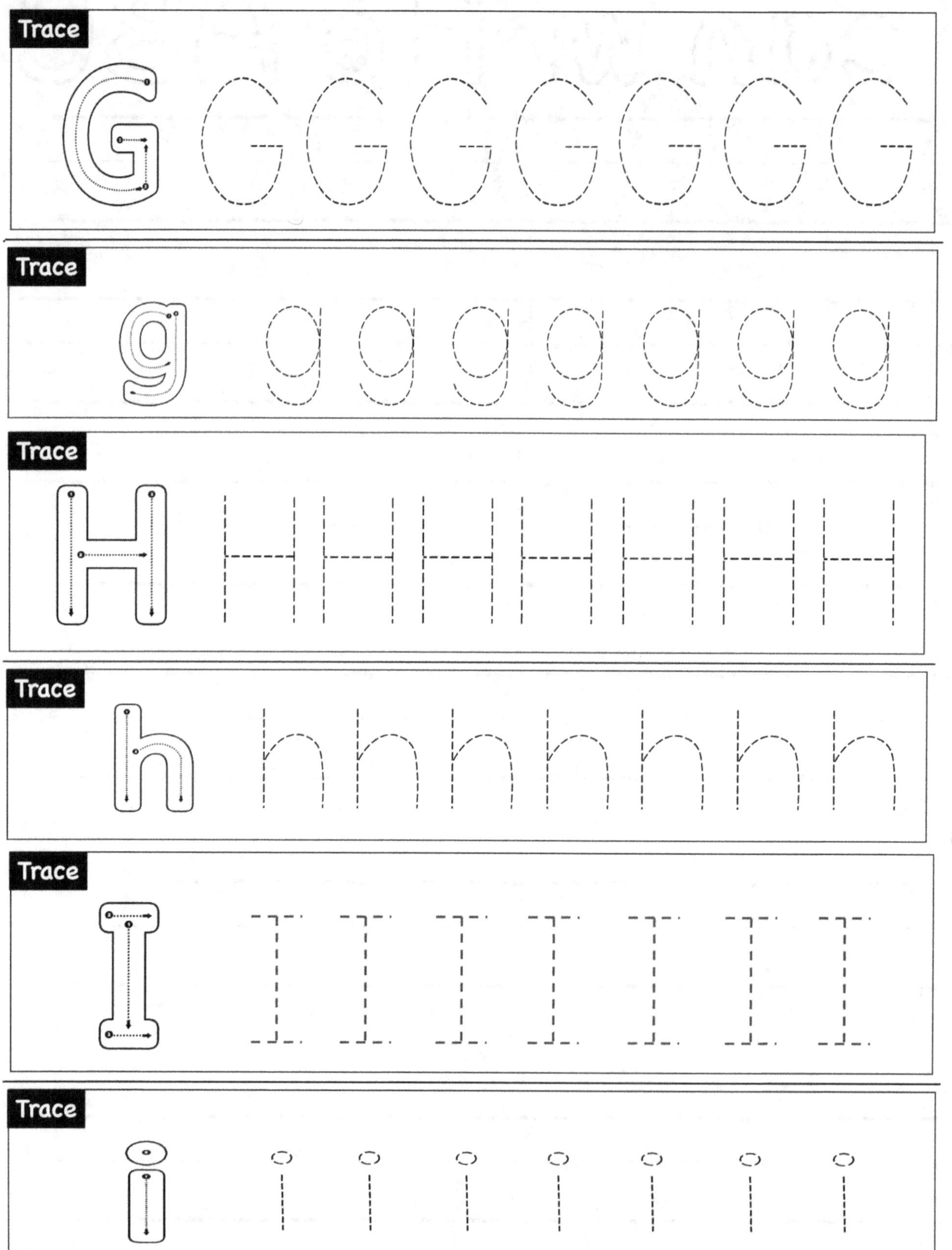

Trace
Trace
Trace
Trace
Trace
Trace

I can write ABC

G G G

g g g

H H H

h h h

I I I

i i i

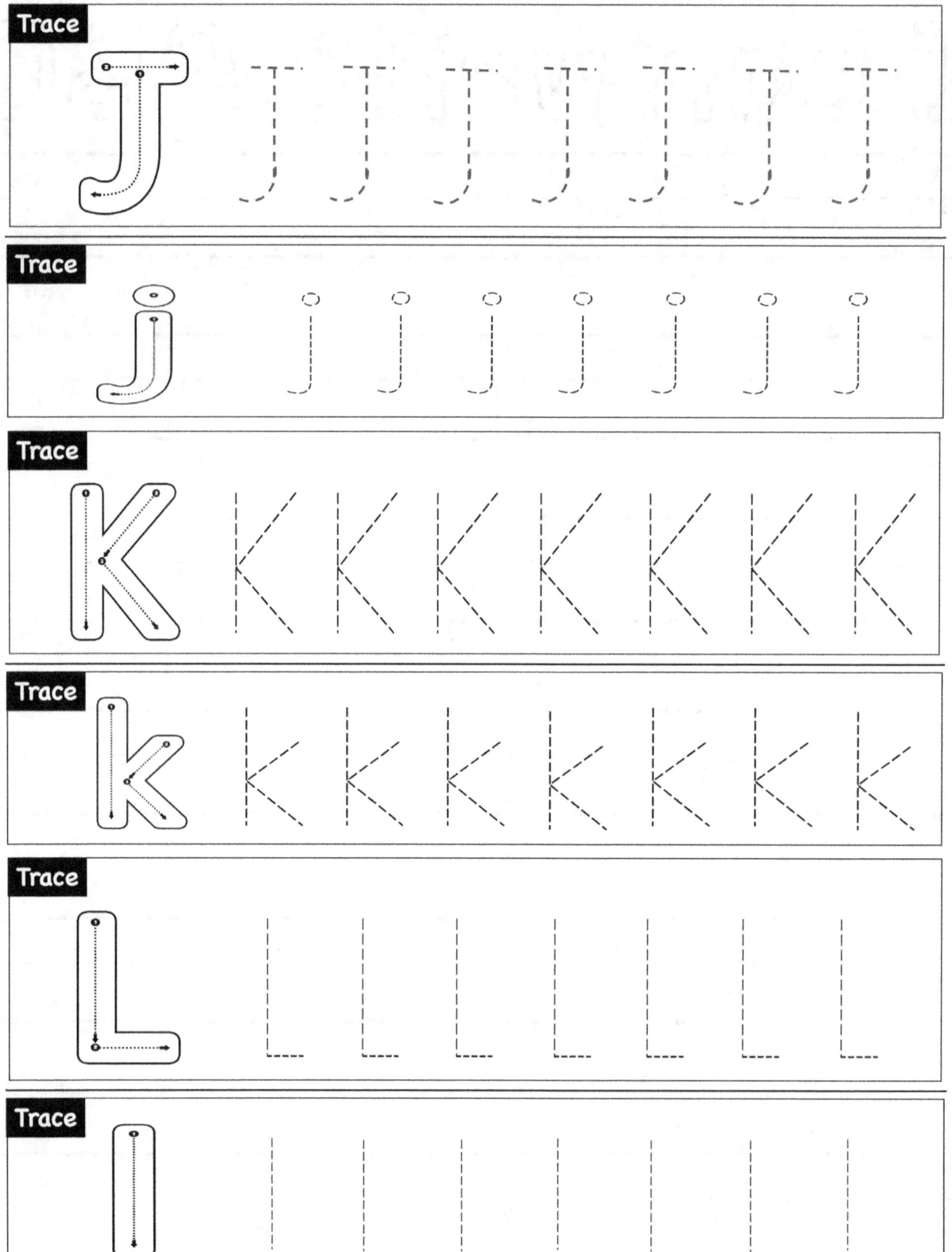
Trace
Trace
Trace
Trace
Trace
Trace

I can write ABC

J J J

j j j

K K K

k k k

L L L

l l l

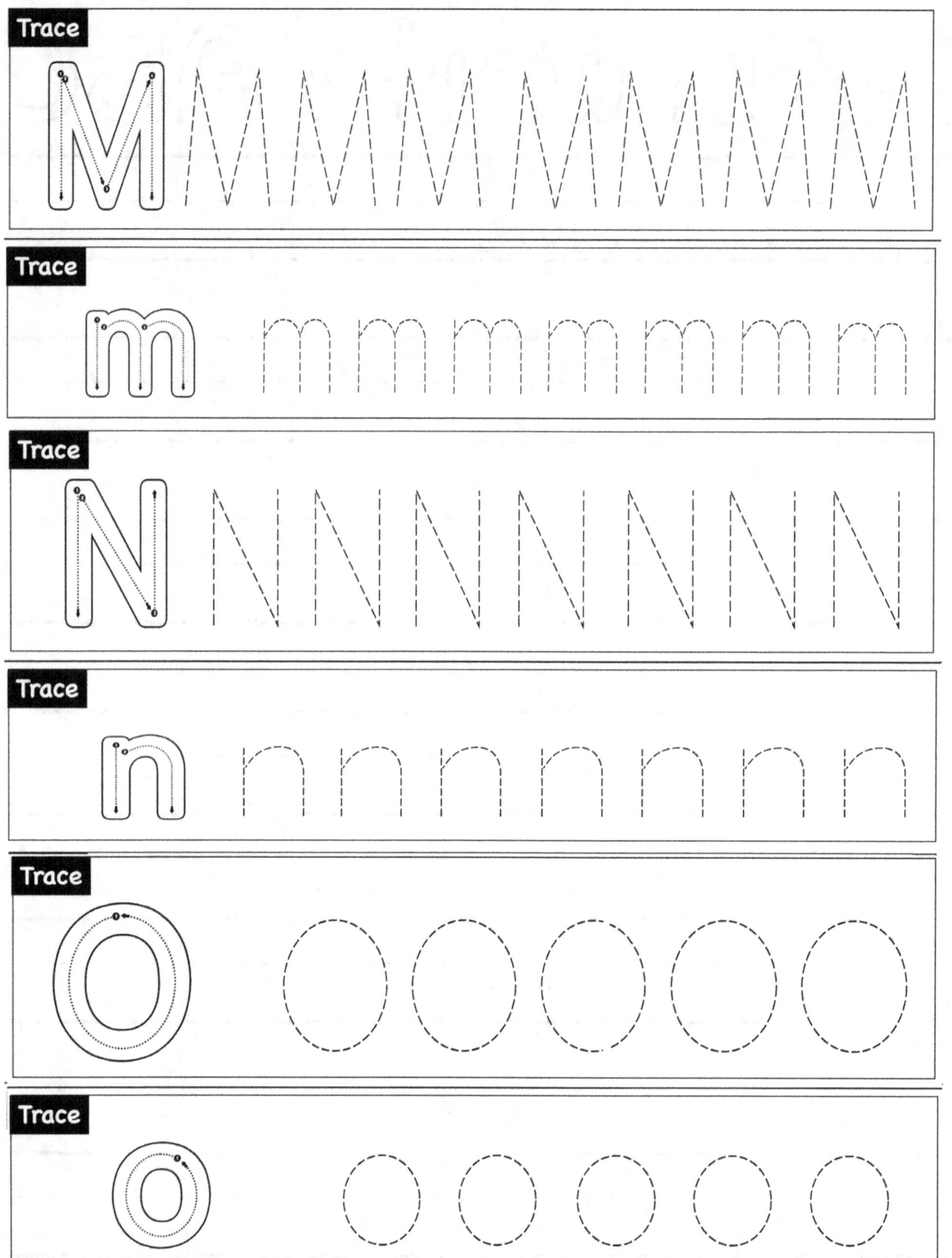
Trace
Trace
Trace
Trace
Trace
Trace

I can write ABC

M M M

m m m

N N N

n n n

O O O

o o o

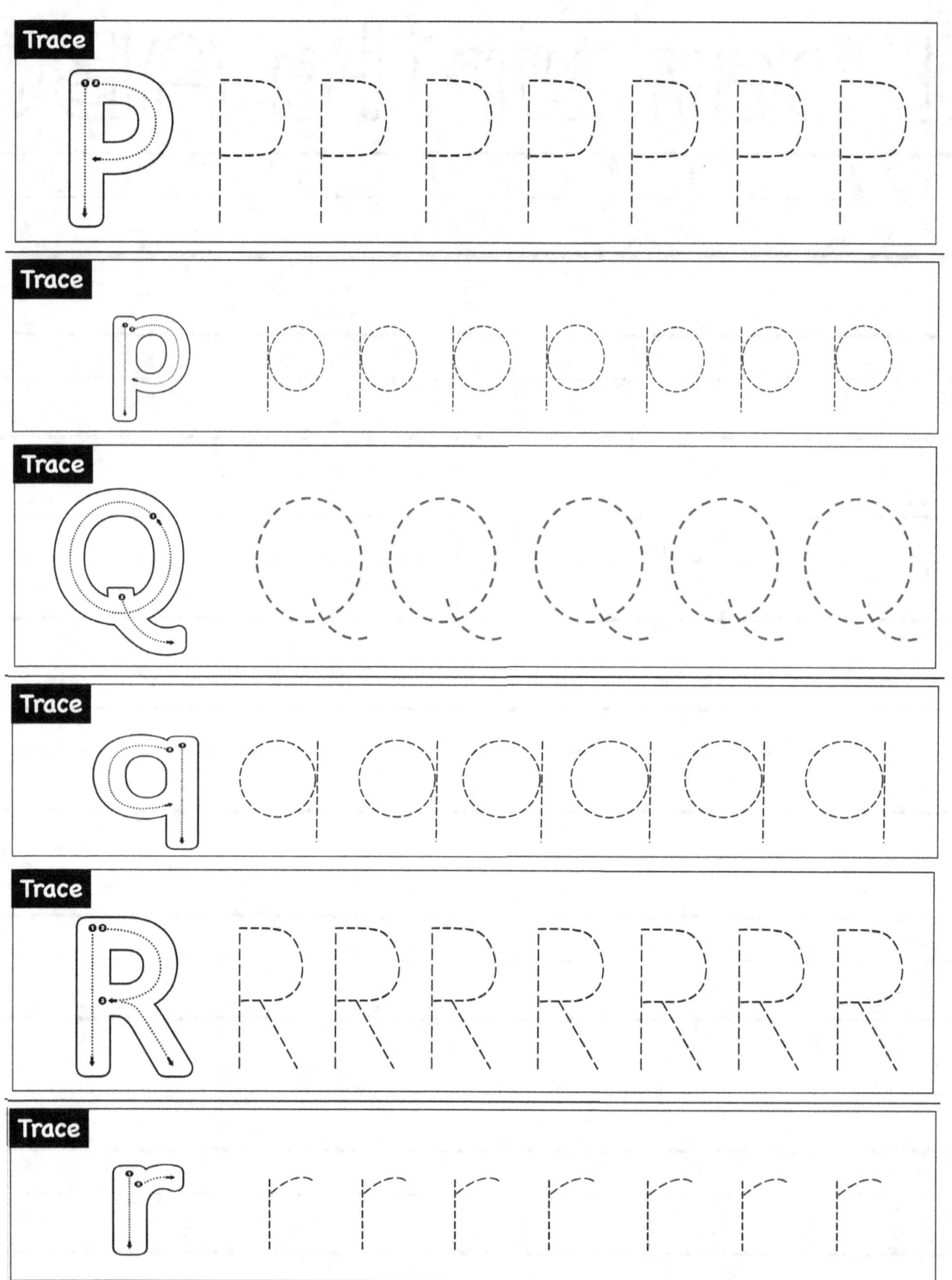
Trace
P
Trace
p
Trace
Q
Trace
q
Trace
R
Trace
r

I can write ABC

P P P

p p p

Q Q Q

q q q

R R R

r r r

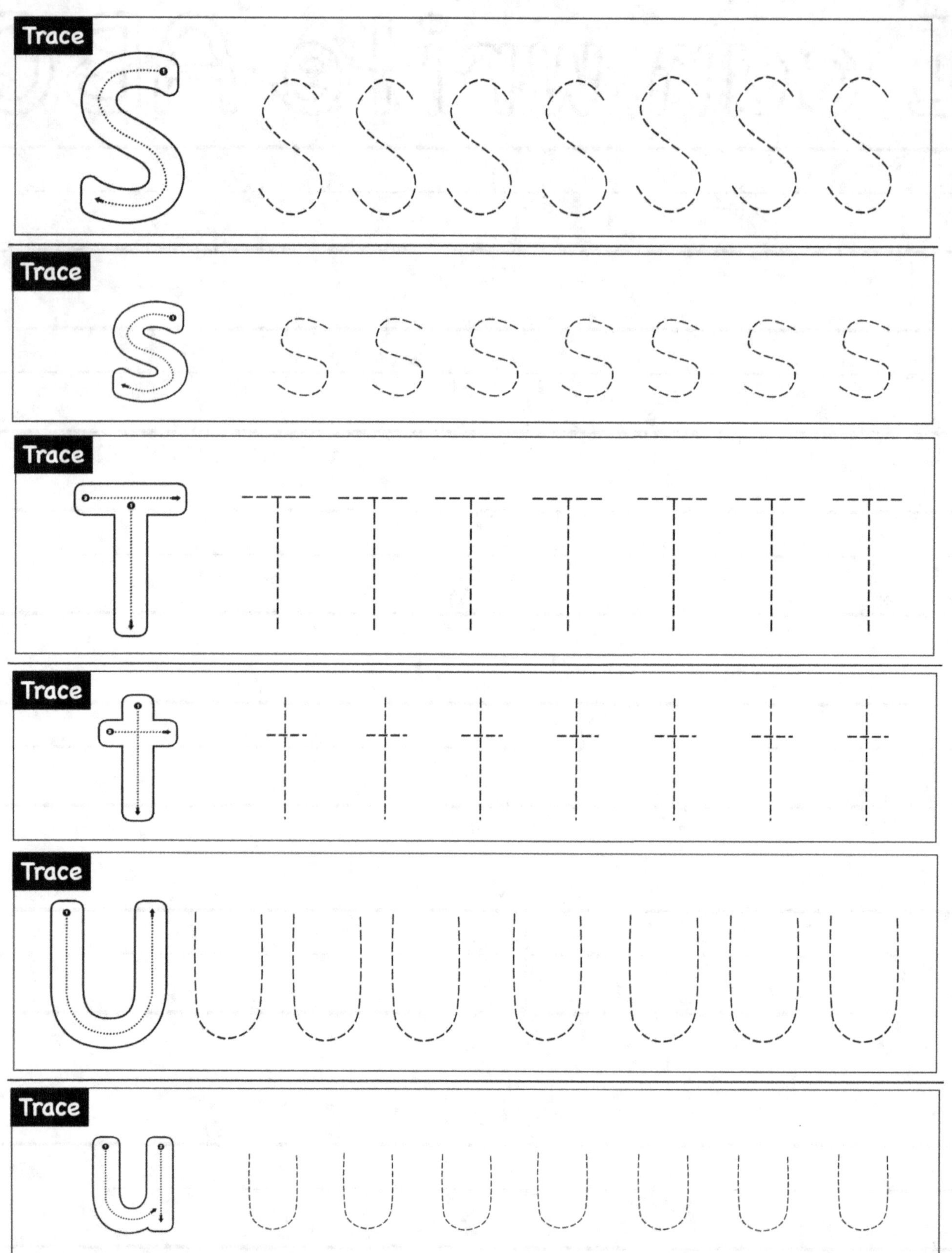
Trace
S
Trace
s
Trace
T
Trace
t
Trace
U
Trace
u

I can write ABC

S S S

s s s

T T T

t t t

U U U

u u u

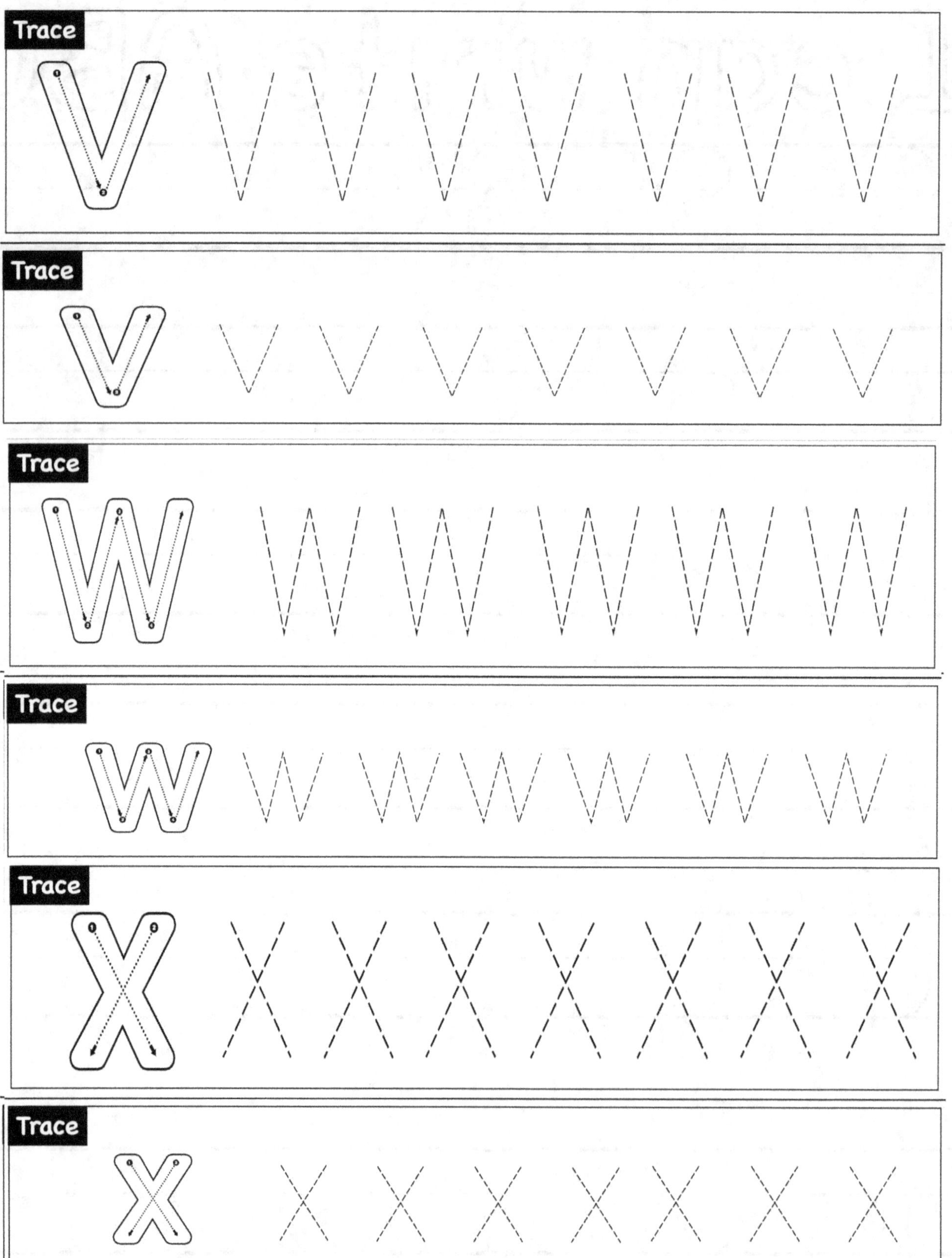
Trace
Trace
Trace
Trace
Trace
Trace

I can write ABC

V V V

v v v

W W W

w w w

X X X

x x x

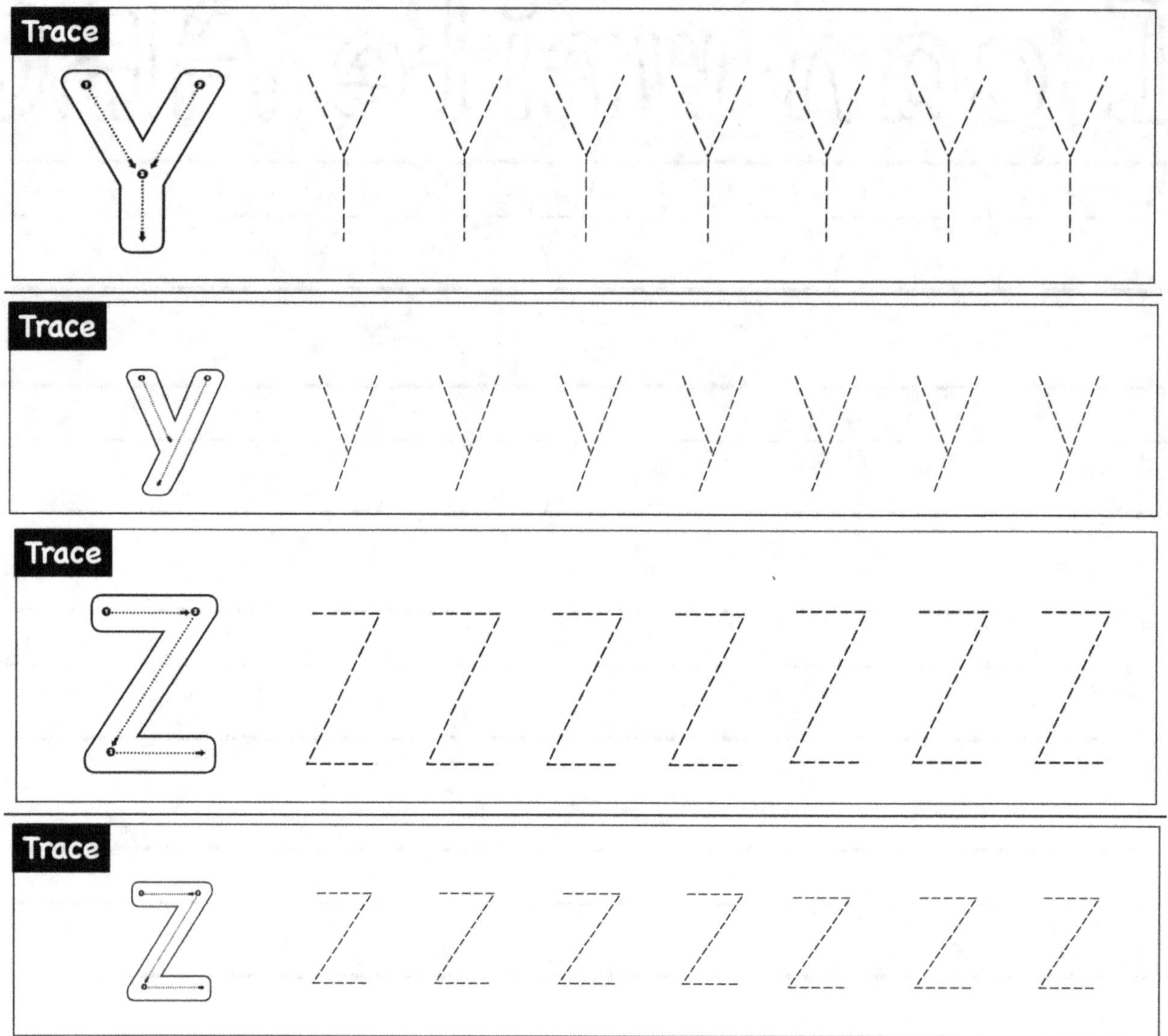
Trace
Trace
Trace
Trace

I can write ABC

Y Y Y

y y y

Z Z Z

z z z

FARM ANIMAL Tracing

	horse
	sheep
	chicken
	pig
	cow

Cut and paste the animals in the correct row

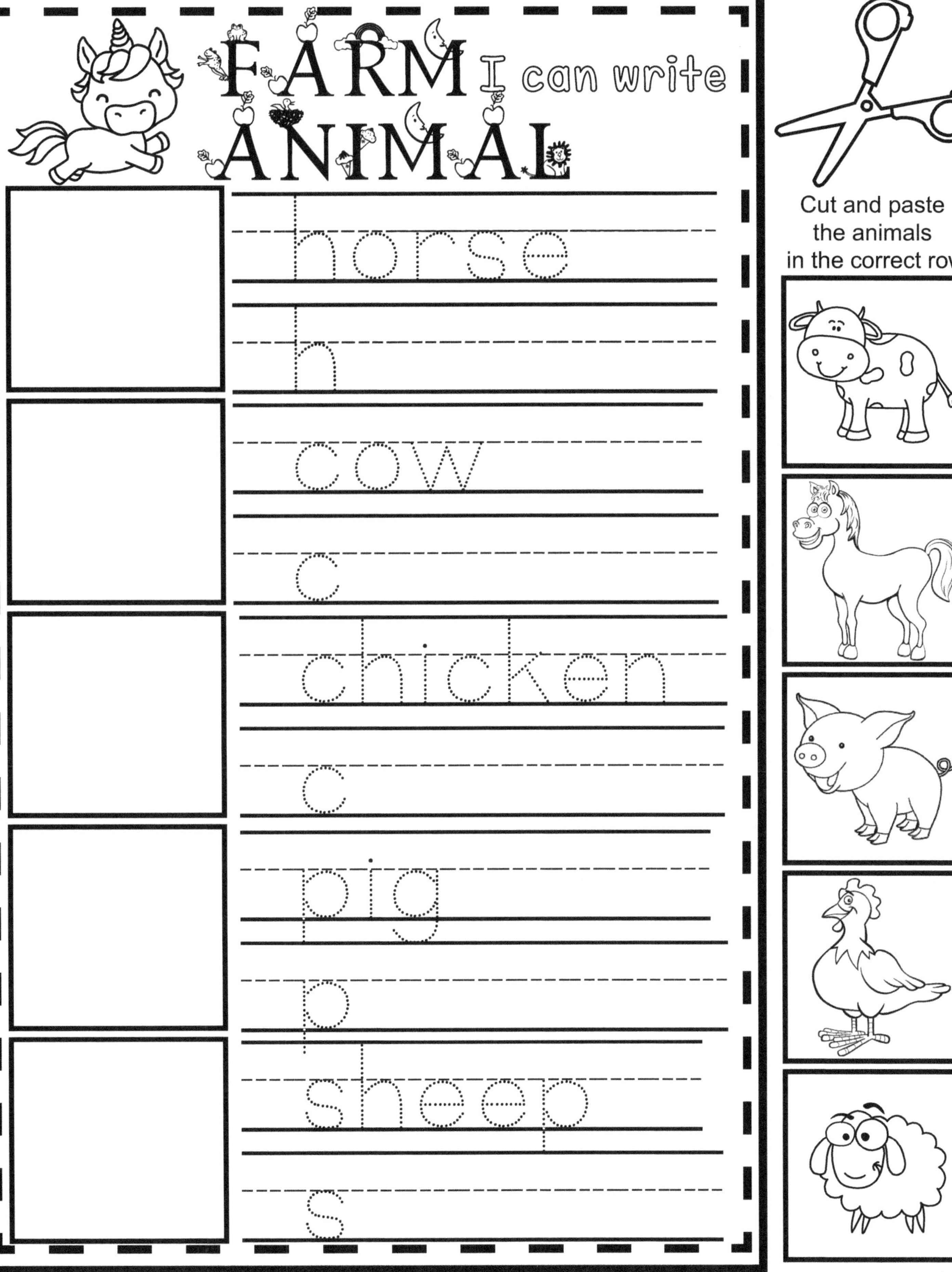

Cut and paste the animals in the correct row

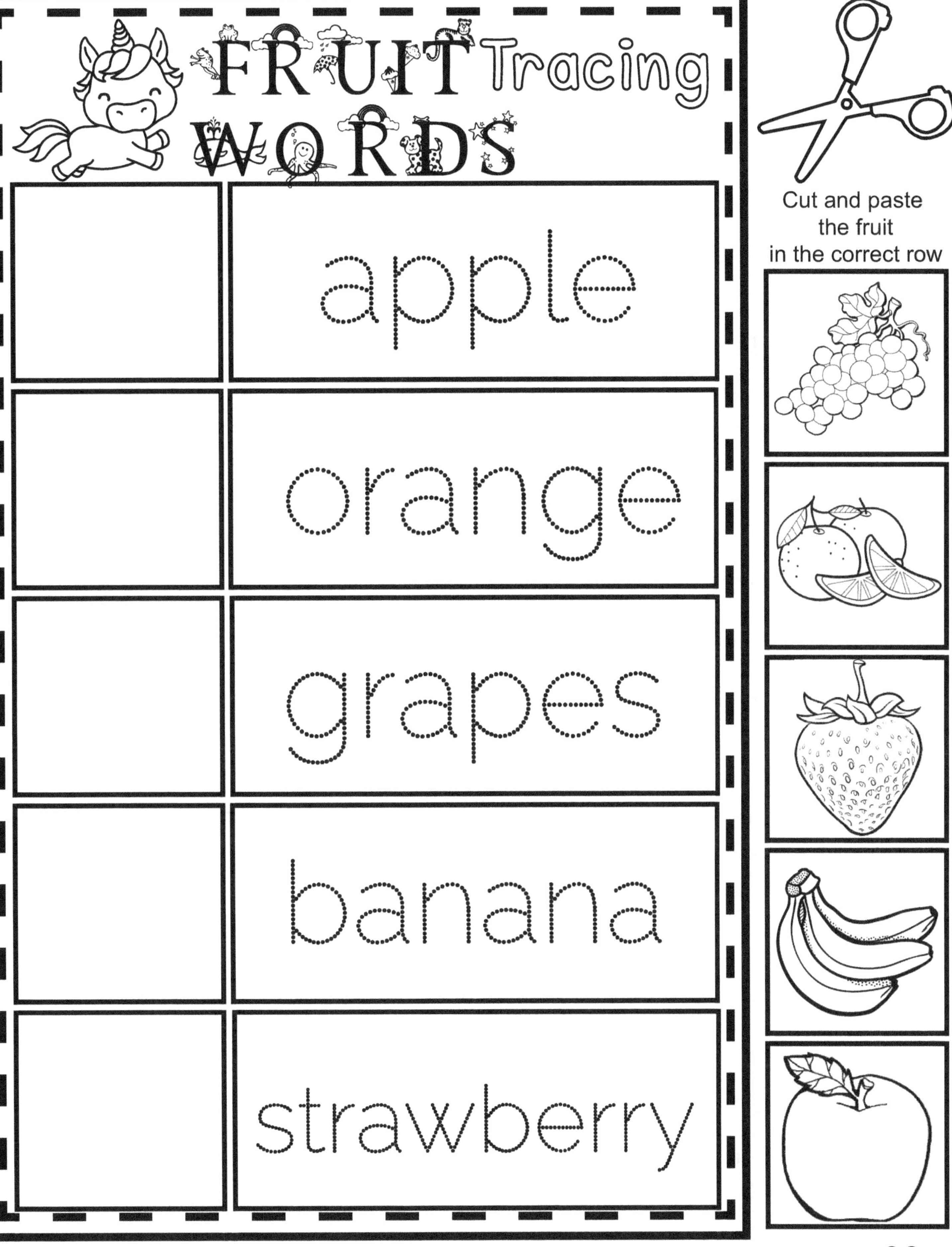

Cut and paste
the fruit
in the correct row

Cut and paste
the fruit
in the correct row

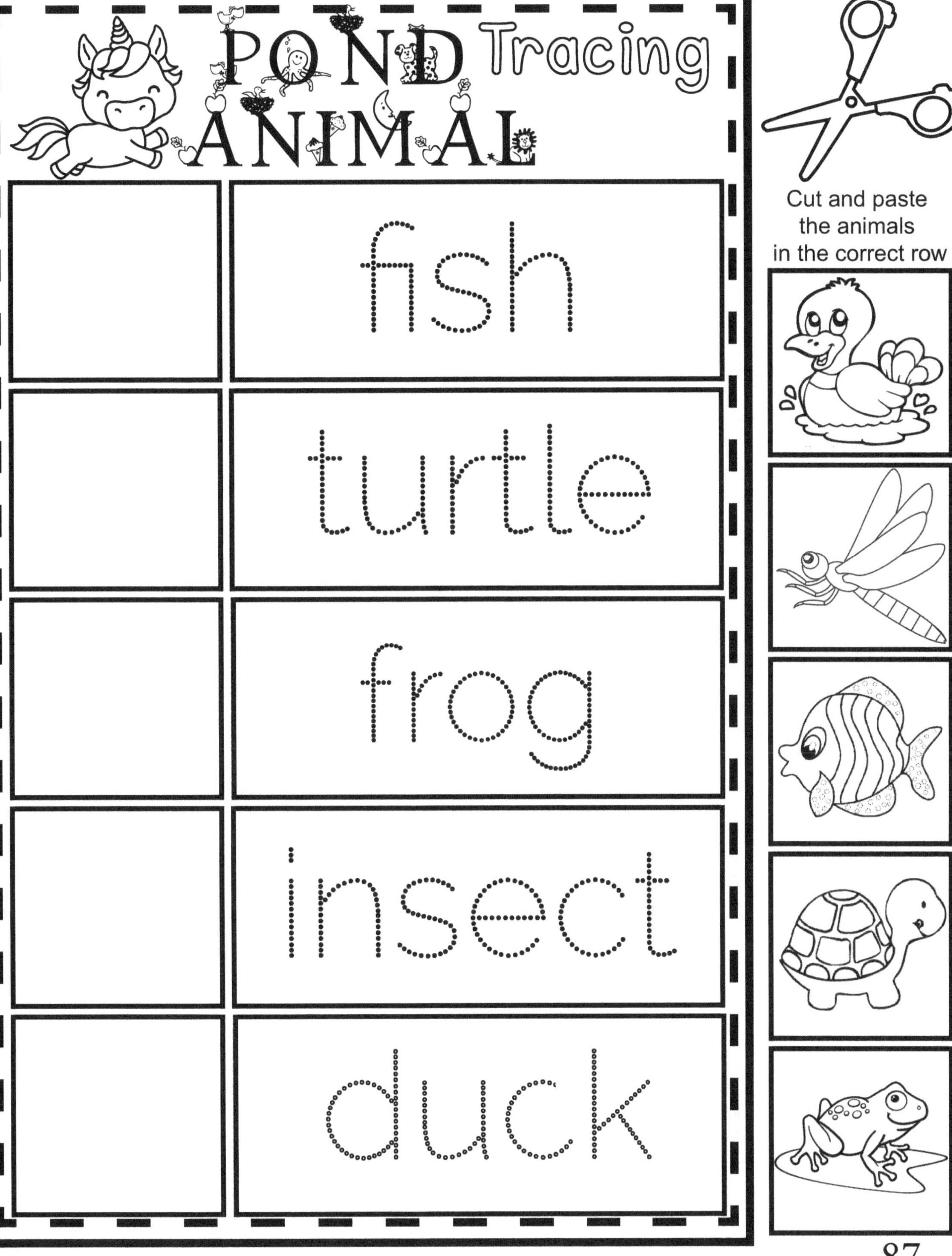

Cut and paste the animals in the correct row

POND
ANIMAL
I can write
turtle
t
frog
f
insect
i
fish
f
duck
d
Cut and paste
the animals
in the correct row

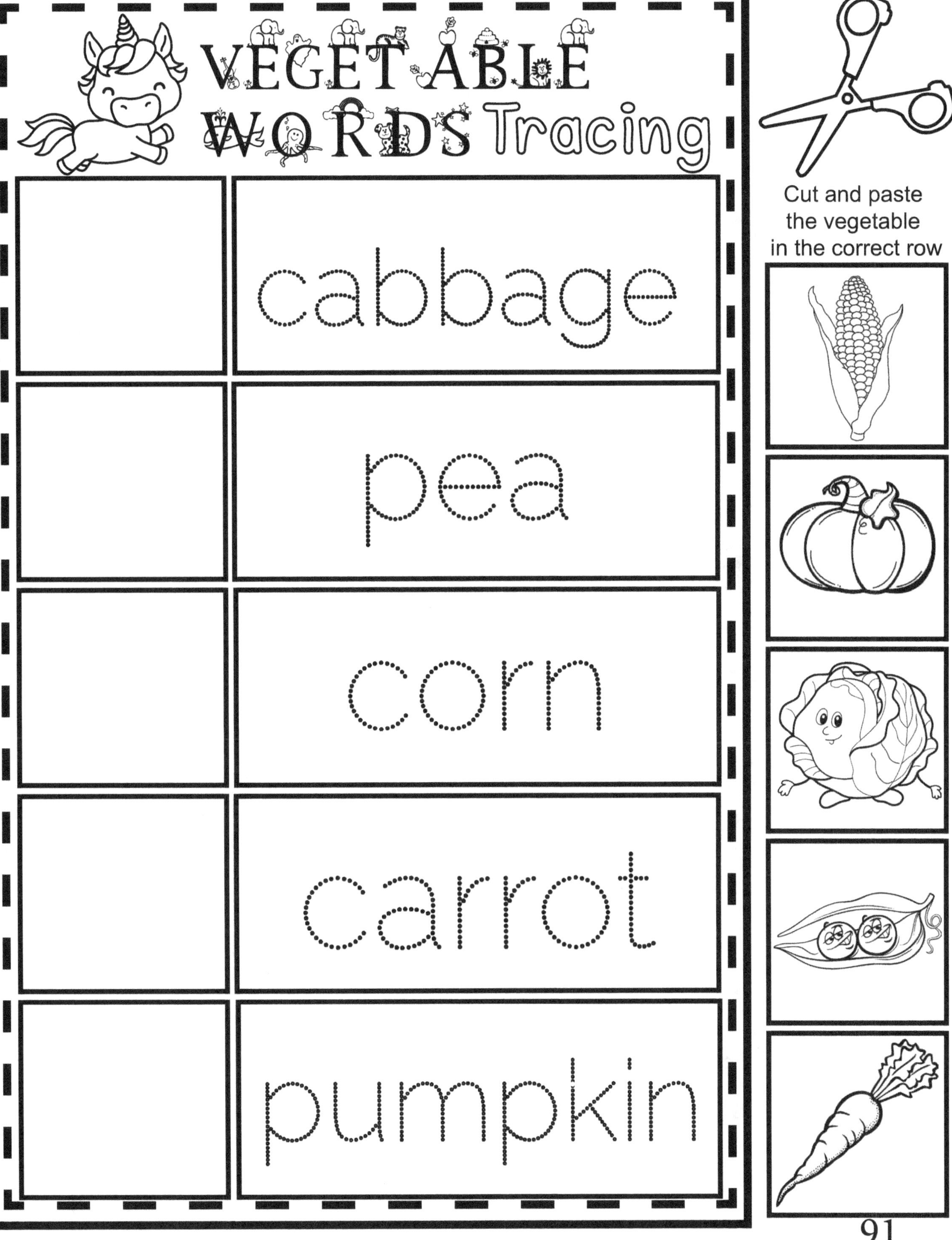

Cut and paste the vegetable in the correct row

VEGETABLE WORDS I can write
cabbage
c
pea
p
corn
c
carrot
c
pumpkin
p
Cut and paste
the vegetable
in the correct row

ZOO ANIMAL Tracing
elephant
giraffe
panda
lion
monkey
Cut and paste
the animals
in the correct row

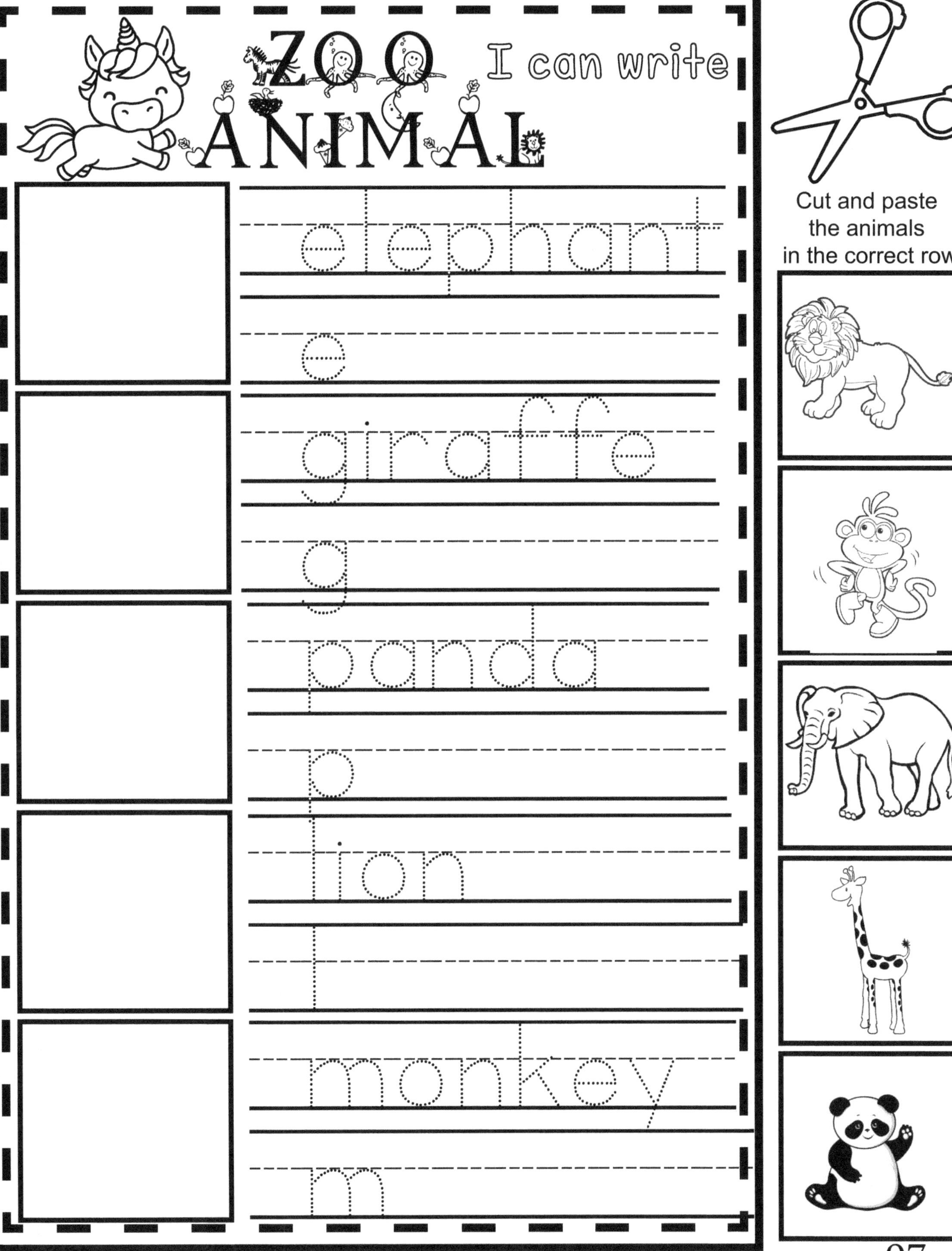

ZOO ANIMAL
I can write
elephant
e
giraffe
g
panda
p
lion
l
monkey
m
Cut and paste
the animals
in the correct row

I can write number

1 one

one one one

one one one

1 I can write one

one

one

2 two

2 2 2 2 2

2 2 2 2 2

two two two

two two two

I can write two

3 3 3 3 3

3 3 3 3 3

three three

three three

I can write three

4 4 4 4 4

4 4 4 4 4

four four

four four

I can write four

5 five

5
I can write five
5 5 5
5 5 5
5 5 5
5 5 5
five
five

6 six

6 6 6 6 6

6 6 6 6 6

six six six six

six six six six

I can write six

7 seven

7 7 7 7 7

7 7 7 7 7

seven seven

seven seven

I can write seven

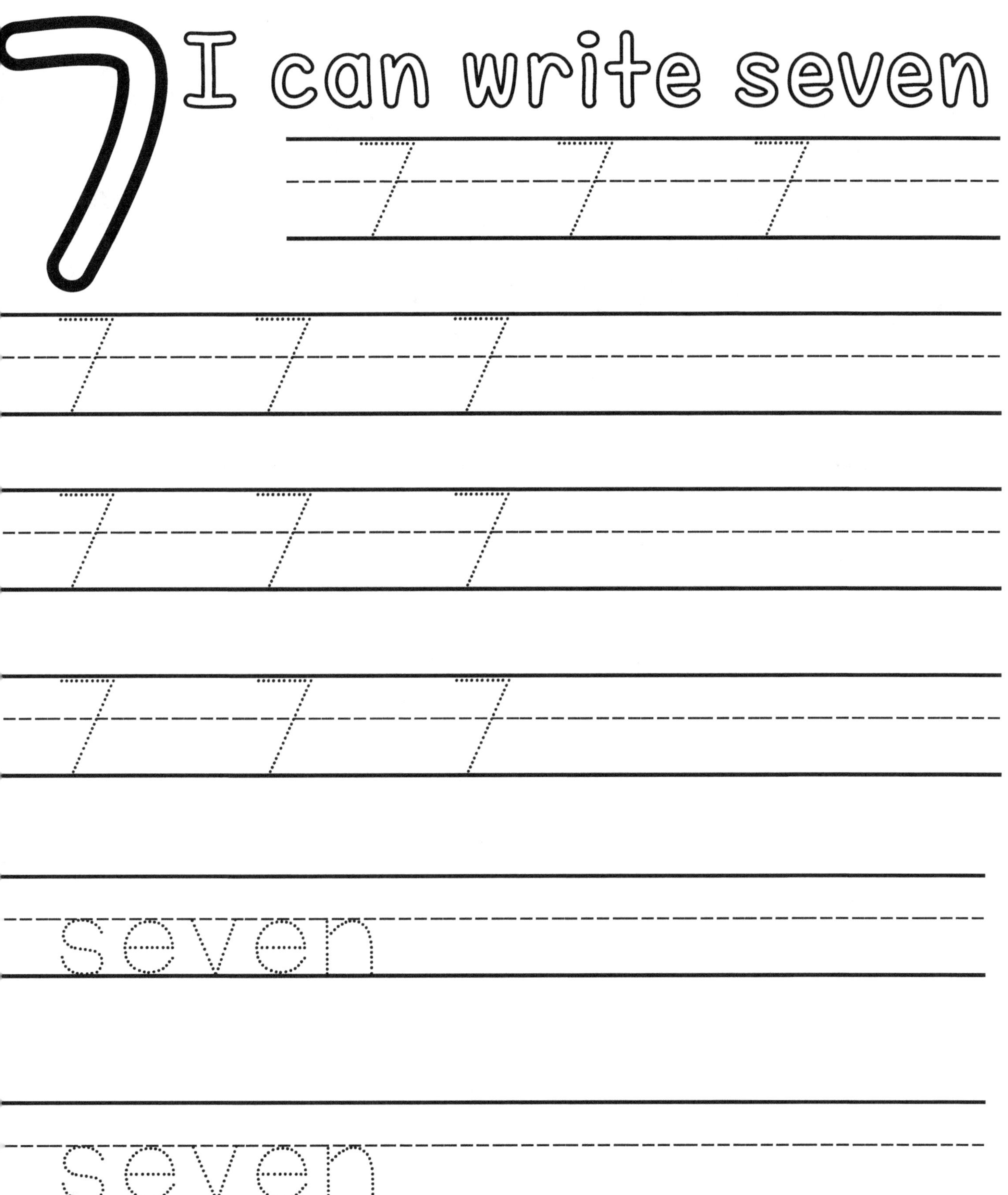

8
eight
8 8 8 8 8
8 8 8 8 8
eight eight
eight eight

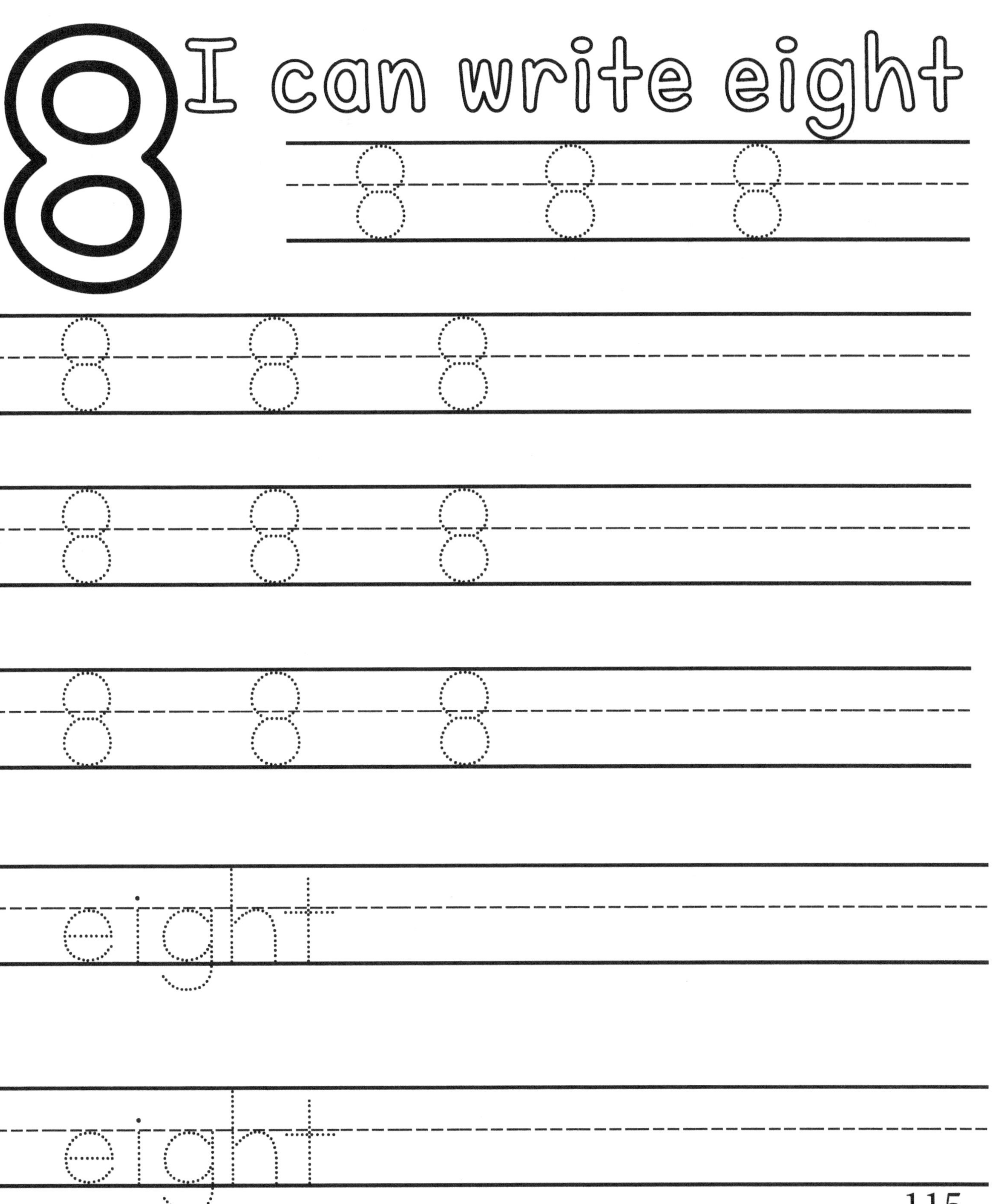
8
I can write eight
8 8 8
8 8 8
8 8 8
8 8 8
eight
eight

9 9 9 9 9

9 9 9 9 9

nine nine nine

nine nine nine

I can write nine

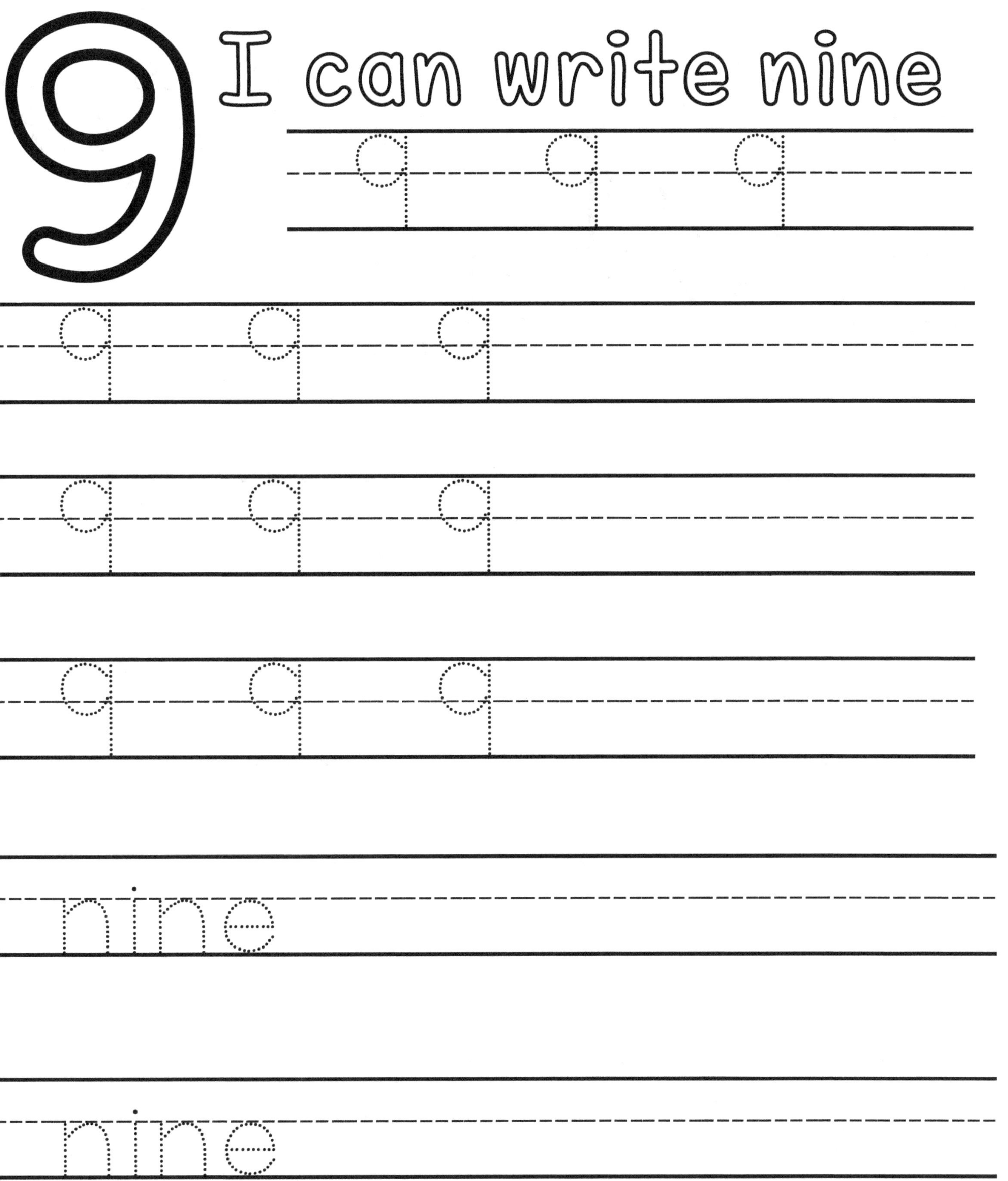

10 ten

10 10 10 10 10

10 10 10 10 10

ten ten ten ten

ten ten ten ten

10 I can write ten

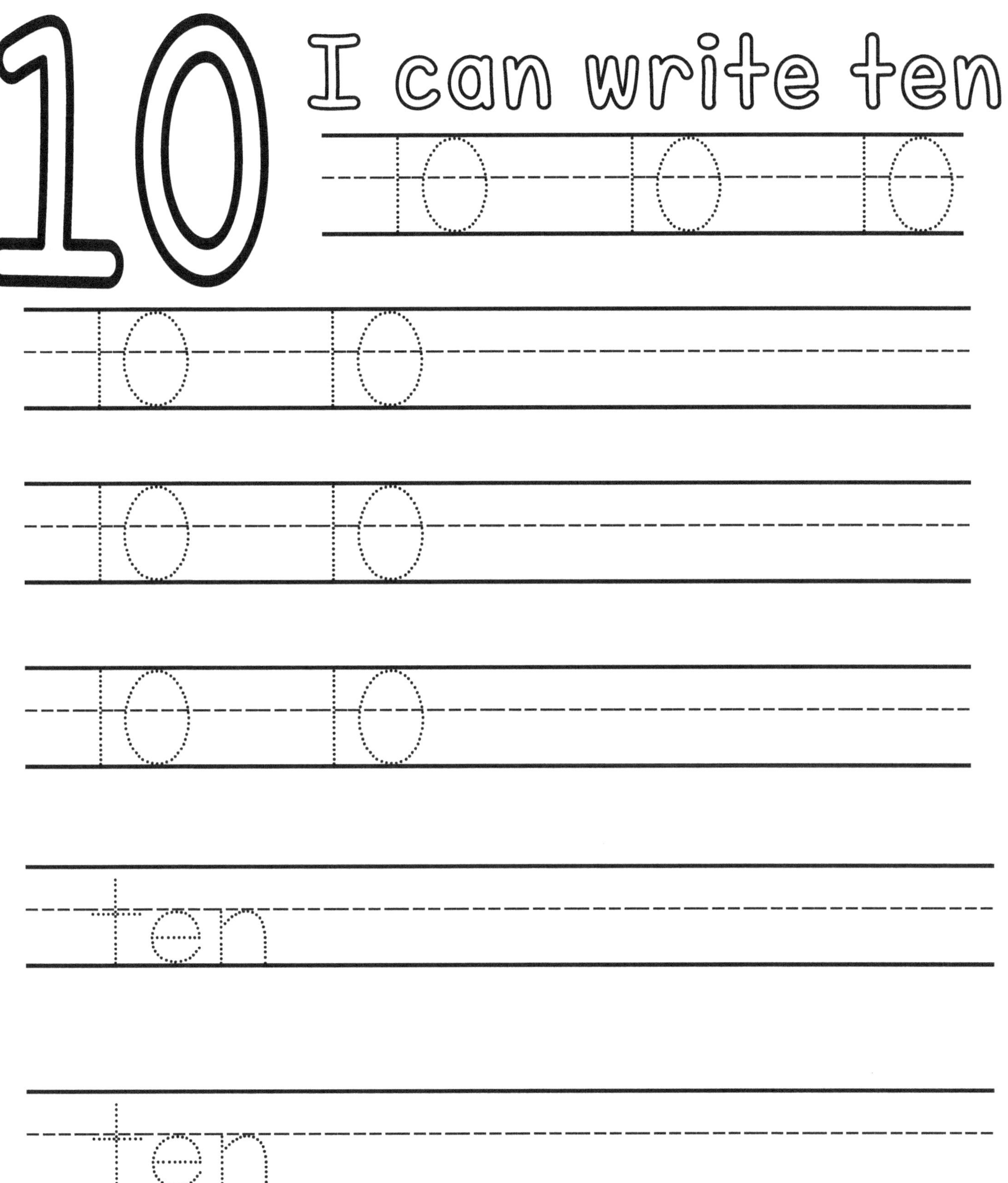

Joyful Tracing Award

PRESENTED TO :

____

____

Teacher

'JOY IS CONTAGIOUS AND AWAKENS THE SOUL'

www.ingramcontent.com/pod-product-compliance
Lightning Source LLC
Chambersburg PA
CBHW081149130726
47996CB00009B/3050
* 9 7 9 8 6 6 8 1 4 9 3 2 2 *